한국수력 원자력(청원경찰)

필기시험

PREFACE

우리나라 기업들은 1960년대 이후 현재까지 비약적인 발전을 이루었다. 이렇게 급속한 성장을 이룰 수 있었던 배경에는 우리나라 국민들의 근면성 및 도전정신이 있었다. 그러나 빠르게 변화하는 세계 경제의 환경에 적응하기 위해서는 근면성과 도전정신 이외에 또 다른 성장 요인이 필요하다.

한국기업들이 지속가능한 성장을 하기 위해서는 혁신적인 제품 및 서비스 개발, 선도 기술을 위한 R&D, 새로운 비즈니스 모델 개발, 효율적인 기업의 합병·인수, 신사업 진출 및 새로운 시장 개발 등 다양한 대안을 구축해 볼 수 있다. 하지만, 이러한 대안들 역시 훌륭한 인적자원을 바탕으로 할 때에 가능하다. 최근으로 올수록 기업체들은 자신의 기업에 적합한 인재를 선발하기 위해 기존의 학벌 위주의 채용을 탈피하고 기업 고유의 인·적성검사 제도를 도입하고 있는 추세이다.

한국수력원자력에서도 업무에 필요한 역량 및 책임감과 적응력 등을 구비한 인재를 선발하기 위하여 고유의 필기시험을 치르고 있다. 본서는 한국수력원자력 청원경찰 채용대비를 위한 필독서로 한국수력원자력 필기시험의 출제경향을 철저히 분석하여 응시자들이 보다 쉽게 시험유형을 파악하고 효율적으로 대비할 수 있도록 구성하였다.

신념을 가지고 도전하는 사람은 반드시 그 꿈을 이룰 수 있으며, 처음에 품은 신념과 열정이 취업 성공의 그 날까지 빛바래지 않도록 (주)서원각이 수험생 여러분을 항상 응원합니다.

INFORMATION

>> 미션 및 비전

① 미션 : 친환경 에너지로 삶을 풍요롭게

② 비전 : 신뢰받는 글로벌 에너지 리더 한수원

>> 핵심가치

① 기술(Technology)

② 존중(Respect)

③ 안전(Ultimate safety)

④ 사회적 책임(Social responsibility)

⑤ 정도(Timeless integrity)

>> 경영목표

① 안전 최우선 경영

    ㉠ 안전한 원전운영 체계구축

    ㉡ 중장기 설비 건전성 제고

    ㉢ 원전 사이버 보안 강화

    ㉣ 원전 안전문화 정립

② 깨끗한 에너지 전환

    ㉠ 신재생에너지 개발노력

    ㉡ 원전해체 사업체계 구축

    ㉢ 해외사업 성공적 수행

③ 사회적 가치 실현

    ㉠ 양질의 일자리 창출

    ㉡ 중소기업 상생협력

    ㉢ 국민소통 · 참여 활성 화

④ 공정 투명한 경영 관리

    ㉠ 지속적인 경영혁신

    ㉡ 품질 · 안전 관리 강화

    ㉢ 청렴 · 윤리 시스템 고도화

>> **채용안내(청원경찰 인턴사원 선발 기준)**

① 전형 절차

　㉠ 1차 전형 : 필기시험, 체력검사, 인성검사, 심리건강진단, 가점

　㉡ 2차 전형 : 면접, 1차 전형 점수, 가점

　㉢ 최종합격자 결정 : 신원조회, 신체검사, 비위면직자 조회

② 필기시험 안내

구분	시험과목	문항	비고
상식	일반상식, 회사상식	25	40분 4지선다형 객관식
관련 법령	청원경찰법, 통합방위법, 원자력시설 등의 방호 및 방사능 방재 대책법	25	

STRUCTURE

상식

다양한 유형의 출제예상문제를 다수 수록하여 실전에 완벽하게 대비할 수 있습니다

관련 법령

청원경찰법 및 통합방위법, 원자력시설 등의 방호 및 방사능 방재 대책법 관련 문제를 수록하였습니다.

CONTENTS

상식

상식

01 일반상식

1 선거의 4대 원칙이 아닌 것은?

① 보통선거   ② 비밀선거
③ 평등선거   ④ 자유선거

> **TIP** 》 선거의 4대 원칙 … 보통 · 평등 · 직접 · 비밀의 4대 원칙에 자유선거의 원칙을 덧붙여 선거의 5원칙이라 하기도 한다.

2 건국 헌법에 규정된 국민의 기본 의무가 아닌 것은?

① 납세의 의무   ② 교육의 의무
③ 환경의 의무   ④ 근로의 의무

> **TIP** 》 ③ 1948년 건국 「헌법」에서는 교육의 의무, 근로의 의무, 납세의 의무, 국방의 의무를 국민의 기본 의무로 규정하였다. 이후 제5공화국 「헌법」에서 국민의 4대 의무 이외에 재산권 행사의 공공복리 적합 의무와 환경 보전의 의무를 규정하였다.

3 국가기관에 의해 행하여지는 구속력 있는 법의 해석은?

① 유권해석   ② 문리해석
③ 축소해석   ④ 논리해석

> **TIP** 》 ② 법문(法文)을 구성하고 있는 어구(語句)나 문장의 뜻을 문법의 규칙 및 사회통념에 따라서 상식적인 언어의 용법에 의하여 확정하는 해석방법이다.
> ③ 법률의 문언(文言)을 문리(文理)보다 좁게 엄격히 해석하는 것으로, 확장해석에 대립하는 말이며, 제한해석이라고도 한다.
> ④ 법문의 자구대로 해석하는 문리해석(文理解釋)에 대응하는 개념으로, 논리해석도 문리해석을 기초로 하지만 법문의 자구에 불구하고 논리적 사유를 거쳐서 법의 진의를 확정하는 해석방법이다.

4 「국민연금법」에 따른 급여의 종류가 아닌 것은?

① 노령연금   ② 퇴직연금

③ 유족연금   ④ 반환일시금

> **TIP 》** 급여의 종류(국민연금법 제49조) … 이 법에 따른 급여의 종류는 다음과 같다.
> ⊙ **노령연금** : 가입기간이 10년 이상인 가입자 또는 가입자였던 자에 대하여는 60세(특수직 종근로자는 55세)가 된 때부터 그가 생존하는 동안 노령연금을 지급한다.
> ⓛ **장애연금** : 가입 중에 생긴 질병(당해 질병의 초진일이 가입 중에 있는 경우로서 가입자가 가입 당시 발병 사실을 알지 못한 경우를 포함한다.)이나 부상으로 완치된 후에도 신체상 또는 정신상의 장애가 있는 자에 대하여는 그 장애가 계속되는 동안 장애 정도에 따라 장애연금을 지급한다.
> ⓒ **유족연금** : 노령연금 수급권자, 가입기간이 10년 이상인 가입자였던 자, 가입자, 장애등급이 2급 이상인 장애연금 수급권자의 어느 하나에 해당하는 자가 사망하면 그 유족에게 유족연금을 지급한다.
> ⓔ **반환일시금** : 가입자 또는 가입자였던 자가 다음 각 호의 어느 하나에 해당하게 되면 본인이나 그 유족의 청구에 의하여 반환일시금을 지급받을 수 있다.
> • 가입기간이 10년 미만인 자가 60세가 된 때
> • 가입자 또는 가입자였던 자가 사망한 때
> • 국적을 상실하거나 국외로 이주한 때

5 다음 중 국가의 의무인 것은?

① 국방의 의무   ② 교육의 의무

③ 모성보호의 의무   ④ 환경보전의 의무

> **TIP 》** ①②④ 국민의 의무
> ③ 국가의 의무

6 옵서버(observer)에 대한 설명으로 옳지 않은 것은?

① 회의 따위에서 특별히 출석이 허용된 사람을 말한다.

② 우리말로는 '참관인' 정도로 순화할 수 있다.

③ 회의에서 자신의 의견을 말할 수 있는 발언권을 가진다.

④ 발의권은 있으나 의결권이 없어 정식 구성원으로는 인정되지 않는다.

> **TIP 》** ④ 옵서버는 발언권만 가질 뿐 발의권이나 의결권이 없어 정식 구성원으로 인정되지 않는다.

ANSWER 》 1.④ 2.③ 3.① 4.② 5.③ 6.④

7 다음 중 헌법의 개정절차로 옳은 것을 고르면?

① 공고 → 제안 → 국회의결 → 국민투표 → 공포
② 제안 → 국회의결 → 국민투표 → 공고 → 공포
③ 제안 → 공고 → 국회의결 → 국민투표 → 공포
④ 공고 → 제안 → 국회의결 → 공포 → 국민투표

> TIP » 헌법의 개정절차
> ㉠ **제안**: 대통령은 국무회의의 심의를 거쳐 국회는 재적 과반수 또는 대통령의 발의로 헌법개정안을 제안한다〈헌법 제128조〉.
> ㉡ **공고**: 제안된 개정안은 대통령이 20일 이상의 기간 이를 공고하여야 한다〈헌법 제129조〉.
> ㉢ **국회의 의결**: 국회는 개정안이 공고된 날부터 60일 이내에 의결하여야 하며, 의결은 재적의원 3분의 2 이상의 찬성을 얻어야 한다〈헌법 제130조 제1항〉.
> ㉣ **국민투표**: 국회를 통과한 개정안은 30일 이내에 국민투표에 붙여 국회의원 선거권자 과반수의 투표와 투표자 과반수의 찬성을 얻은 때에 헌법 개정이 확정된다〈헌법 제130조 제2·3항〉. 이것은 국민이 최종적인 헌법개정권자임을 선언한 것으로서의 의의가 있다.
> ㉤ 헌법 개정이 확정되면 대통령은 즉시 이를 공포하여야 한다〈헌법 제130조 제3항〉.

8 다음 중 명예훼손죄에 대한 설명으로 옳지 않은 것은?

① 공연히 사실을 적시하여 사람의 명예를 훼손한 자는 2년 이하의 징역이나 금고 또는 500만 원 이하의 벌금에 처한다.
② 공연히 허위의 사실을 적시하여 사자의 명예를 훼손한 자는 2년 이하의 징역이나 금고 또는 500만 원 이하의 벌금에 처한다.
③ 사람을 비방할 목적으로 신문, 잡지 또는 라디오 기타 출판물에 의하여 제307조 제1항의 죄를 범한 자는 3년 이하의 징역이나 금고 또는 500만 원 이하의 벌금에 처한다.
④ 공연히 허위의 사실을 적시하여 사람의 명예를 훼손한 자는 5년 이하의 징역, 10년 이하의 자격정지 또는 1천만 원 이하의 벌금에 처한다.

> TIP » ③ 사람을 비방할 목적으로 신문, 잡지 또는 라디오 기타 출판물에 의하여 제307조 제1항의 죄를 범한 자는 3년 이하의 징역이나 금고 또는 700만 원 이하의 벌금에 처한다.

9 2010년 12월 18일 튀니지에서 시작된 대규모 반정부시위로 물가폭등과 높은 실업률로 국민들의 불만이 팽배한 상태에서 과일노점상인 26살 청년 모하메드 부아지지의 분신자살이 직접적인 원인이 돼 발발한 이 시위는?

① 재스민 혁명   ② 이집트 혁명

③ 리비아 혁명   ④ 프랑스 혁명

TIP 》 ② 2011년 1월 25일부터 2월 11일까지 진행되었던 이집트의 장기 집권 대통령인 호스니 무바라크의 퇴진을 요구하며 벌어진 반독재 정부 시위를 말한다.

③ 2011년 리비아에서 발생한 대규모 반정부 시위와 그에 따른 모든 사건을 일컫는 것으로 40년 이상 리비아를 철권 독재한 무아마르 카다피에 대한 퇴진 요구가 높아졌으며, 리비아 반정부 시위는 튀니지에서 일어난 튀니지 혁명의 영향으로 다른 아랍 국가로 파급된 반정부 시위의 물결 가운데 하나로 꼽히고 있다.

④ 1789년 7월 14일부터 1794년 7월 28일에 걸쳐 일어난 프랑스의 시민혁명을 말한다.

10 다음의 사건을 연대순으로 바르게 나열한 것은?

> ㉠ 7.7선언(민족자존과 통일번영에 관한 특별선언)
> ㉡ 7.4남북공동성명 발표
> ㉢ 6.15남북공동선언
> ㉣ 10.4선언(남북관계 발전과 평화번영을 위한 선언)

① ㉢ - ㉠ - ㉣ - ㉡

② ㉣ - ㉡ - ㉠ - ㉢

③ ㉡ - ㉢ - ㉠ - ㉣

④ ㉡ - ㉠ - ㉢ - ㉣

TIP 》 ㉠ 1988. 7. 7   ㉡ 1972. 7. 4   ㉢ 2000. 6. 15   ㉣ 2007. 10. 4

11 다음 중 역대 노벨평화상 수상자가 아닌 것은?

① 마하트마 간디(Mahatma Gandhi)   ② 그라민 은행(Grameen Bank)

③ 기후변화에 관한 정부 간 패널(IPCC) ④ 류 샤오보(Liu Xiaobo)

> **TIP »** ① 인도 독립운동의 정치적 · 정신적 지도자이며 비폭력 저항운동의 주창자로 노벨평화상 후보에
> 올랐으나 수상하지 못했다.
> ② 방글라데시에서 선구적인 소액대출로 극빈층과 여성의 경제적, 사회적 기회를 확대하는
> 데 기여한 공로를 인정받아 2006년에 수상했다.
> ③ 스위스 제네바에 위치한 UN산하 국제 협의체인 IPCC(Intergovernmental Panel on
> Climate Change)는 기후 변화 문제의 해결을 위한 노력을 인정받아 2007년에 수상했다.
> ④ 중국 반체제 인사로서 인권투쟁의 상징으로 높이 평가받아 2010년에 수상했다.

12 정치적 사상의 반대자를 대중으로부터 고립시켜 공격 · 탄압할 목적으로 기성사실을 날조하는 것을 지칭하는 용어는?

① 프레임업(frame up)   ② 레이더스(raiders)

③ 스핀아웃(spin out)   ④ 스핀오프(spin off)

> **TIP »** ② 자신이 매입한 주식을 배경으로 회사경영에 압력을 넣어 기존 경영진을 교란시키고 매
> 입주식을 비싼 값에 되파는 등 부당이득을 취하는 집단이다.
> ③ 경영 조직으로부터 업무 일부를 분리하여 독립한 별개 회사로서 경영하는 일이다.
> ④ 정부출연연구기관의 연구원이 자신이 참여한 연구결과를 가지고 별도의 창업을 할 경우
> 정부보유의 기술을 사용한데 따른 로열티를 면제해 주는 제도를 말한다.

13 약어 표현이 바른 것을 모두 고르면 몇 개인가?

> • 북방한계선 – NLL   • 비무장지대 – DMG
> • 공동경비구역 – JSA   • 국제원자력기구 – IAEA
> • 북대서양조약기구 – NATO   • 세계보건기구 – WTO

① 2개   ② 3개

③ 4개   ④ 5개

> **TIP »** 비무장지대 – DMZ(demilitarized zone)
> 세계보건기구 – WHO(world health organization)

14 선거를 도와주고 그 대가를 받거나 이권을 얻는 행위를 일컫는 용어는?

① 매니페스토(manifesto)

② 로그롤링(logrolling)

③ 게리맨더링(gerrymandering)

④ 플레비사이트(plebiscite)

> **TIP** 》 ① 선거 시에 목표와 이행가능성, 예산확보의 근거를 구체적으로 제시한 유권자에 대한 공약을 말한다.
> ③ 선거구를 특정 정당이나 후보자에게 유리하게 인위적으로 획정하는 것을 말한다.
> ④ 직접민주주의의 한 형태로 국민이 국가의 의사결정에 국민투표로 참여하는 제도이다.
> ※ **로그롤링**(logrolling) … 원래는 '통나무 굴리기'라는 뜻으로, 서로 협력하여 통나무를 모으거나 강물에 굴려 넣는 놀이에서 연유된 것이다.

15 어느 한쪽이 양보하지 않을 경우 양쪽이 모두 파국으로 치닫게 되는 극단적인 이론은?

① 휘슬블로잉

② 란체스터법칙

③ 치킨게임

④ 깨진 유리창의 법칙

> **TIP** 》 **치킨게임**(chicken game) … 국제정치학에서 사용하는 게임이론 가운데 하나이다. 1950년대 미국 젊은이들 사이에서 유행하던 자동차 게임의 이름이었다. 이 게임은 한밤중에 도로의 양쪽에서 두 명의 경쟁자가 자신의 차를 몰고 정면으로 돌진하다가 충돌 직전에 핸들을 꺾는 사람이 지는 경기이다. 핸들을 꺾은 사람은 겁쟁이, 즉 치킨으로 몰려 명예롭지 못한 사람으로 취급받는다. 그러나 어느 한 쪽도 핸들을 꺾지 않을 경우 게임에서는 둘 다 승자가 되지만, 결국 충돌함으로써 양쪽 모두 자멸하게 된다. 즉, 어느 한 쪽도 양보하지 않고 극단적으로 치닫는 게임이 바로 치킨게임이다. 이 용어가 1950~1970년대 미국과 소련 사이의 극심한 군비경쟁을 꼬집는 용어로 차용되면서 국제정치학 용어로 굳어졌다. 그러나 오늘날에는 정치학뿐 아니라 여러 극단적인 경쟁으로 치닫는 상황을 가리킬 때도 인용된다.

ANSWER 〉 11.① 12.① 13.③ 14.② 15.③

1 다음 중 경제 용어와 그 의미가 잘못 짝지어진 것은?

① GNP – 국민총생산

② GDP – 국내총생산

③ GNI – 국민총소득

④ NI – 국민소비

TIP 》 ④ NI는 National Income의 약자로 한 나라의 생산물의 흐름의 가치를 어느 일정기간을 두고 집계(集計)한 것, 즉, 국민소득을 의미한다. 국민소득은 한 나라가 매해 마다 벌이는 경제활동의 총체적 규모를 나타내는 자료이며, 그 배후에 있는 경제순환에 대한 이론적 분석에 입각하여 현상파악이나 장래예측을 행하는 면에서 중요하지만, 한편으로는 한 나라의 경제적 복지(福祉)를 나타내는 지표(指標)로서도 사용되어 왔다. 그러나 1970년대에 이후부터는 경제성장에 따른 환경오염이나 도시의 과밀화로 국민소득으로는 평가할 수 없는 복지에 대한 관심이 높아졌으며, 국민소득의 개념을 수정하고 국민 복지를 나타내는 지표에 접근시키려는 시도가 일어나고 있고 이러한 요구에 따라 측정되는 것이 국민순복지(NNW)라고 한다.

2 ISO 9000 시리즈 인증 도입 시 그 효과가 아닌 것은?

① 기업이미지 제고

② 신뢰성 증진

③ 경쟁력 강화

④ 마케팅 간소화

TIP 》 ISO 9000 … 제품의 생산 및 유통과정 전반에 대하여 국제규격을 제정한 소비자 중심의 품질보증제도로, 영국의 품질인증기관인 영국표준협회(BSI)의 발의로 1987년 모든 산업에서 인정받았다. 단순히 제품의 품질규격 합격여부만을 확인하는 일반품질인증과는 달리 제품 및 서비스의 설계에서부터 생산, 검사, A/S 등 전반적인 규격준수 여부를 확인한다. 때문에 ISO 9000 시리즈를 도입할 경우 기업이미지 제고, 신뢰성 증진, 경쟁력 강화 등의 이점이 발생한다.

3 마빈스가 아닌 나라는?

① 멕시코

② 베트남

③ 뉴질랜드

④ 남아프리카공화국

TIP 》 마빈스 … 멕시코(Mexico), 호주(Australia), 베트남(Vietnam), 인도네시아(Indonesia), 나이지리아(Nigeria), 남아프리카공화국(South Africa) 등 6개 신흥시장을 일컫는 말로 미국의 경제매체인 비지니스 인사이더(Business Insider)가 앞으로 10년간 주목해야 할 시장으로 꼽은 나라들이다. 브릭스(BRICs)를 뛰어넘는 마빈스 6개국은 높은 인구증가율과 최대 자원부국이라는 공통점을 가지고 있다. 특히 니켈(46.3%)과 우라늄(30.7%), 아연(26.3%), 동(20.7%) 등 세계 6대 전략광종 매장량의 20~40%를 보유하고 있으며, 나이지리아와 베트남은 석유가 풍부하다. 2010년 12월 기획재정부가 발표한 2011년 대외경제전략에 따르면 세계 경제에서 마빈스 국가가 차지하는 중요성이 커진 데 따라, 소비시장 확대의 일환으로 해외직접투자(FDI) 등 교역을 늘리는 한편 자원창고로 활용하는 방안을 포함하는 한편, 멕시코와 베트남을 상대로 각각 자유무역협정(FTA) 체결을 추진하고, 공적개발지원(ODA)을 통한 개발 협력을 강화해나가고 있다.

4 다음 중 각 나라의 화폐 단위가 잘못 연결된 것은?

① 스위스 – 프랑   ② 스웨덴 – 크로나

③ 스페인 – 리얄   ④ 멕시코 – 페소

    TIP》 ③ 스페인의 화폐는 유료화를 사용한다. 리얄은 사우디아라비아의 화폐단위이다.

5 다음 중 산업재산권에 해당하지 않는 것은?

① 상표권   ② 저작권

③ 특허권   ④ 실용신안권

    TIP》 산업재산권은 좁은 의미에서는 특허권, 실용신안권, 디자인권, 상표권 및 서비스표권을 말
        하며, 넓은 의미에서는 노하우권, 미등록주지상표권 등 산업상 보호 가치가 있는 권리를 모
        두 포함하여 말한다. 보통은 좁은 의미로 사용된다.

6 다음에서 설명하는 효과로 적절한 것은?

>   물건 구매에 망설이던 소비자가 남들이 구매하기 시작하면 자신도 그에 자극돼 덩달
> 아 구매를 결심하는 것을 비유한 현상이다.

① 사자효과   ② 악어효과

③ 펭귄효과   ④ 제비효과

    TIP》 펭귄효과 … 펭귄들은 빙산 끝에서 눈치만 보고 모여 있다가, 한 마리 펭귄이 바닷물로 뛰어
        들면 나머지 펭귄들도 바다로 뛰어든다. 상품을 앞에 두고 구매에 확신을 갖지 못하는 소
        비자들도 종종 펭귄에 비유된다. 이처럼 물건 구매에 망설이던 소비자가 남들이 구매하기
        시작하면 자신도 그에 자극돼 덩달아 구매를 결심하는 것을 비유한 현상이다.

ANSWER 〉 1.④ 2.④ 3.③ 4.③ 5.② 6.③

7 주택 담보대출을 취급했던 은행계에서 상품을 없애자 자금융통이 급급한 고객들이 제2금융권으로 몰리는 현상은 무엇과 관련 있는가?

① 풍선효과
② 칵테일파티효과
③ 피그말리온효과
④ 스티그마효과

TIP 》 ① 풍선의 한 곳을 누르면 다른 곳이 불거져 나오는 것처럼 문제 하나가 해결되면 또 다른 문제가 생겨나는 현상이다. 심야교습 금지가 법제화 될 경우 불법 과외가 활개 치는 등의 또 다른 부작용이 생길 수 있고, 정부가 강남 집값을 잡기 위해 재건축 아파트 규제를 강화하자 수요가 일반아파트로 몰려 집값이 오르는 현상 등이 풍선 효과에 해당한다.
② 여러 사람들이 모여 한꺼번에 이야기하고 있음에도 자신이 관심을 갖는 이야기를 골라들을 수 있는 것으로 시끄러운 잔치 집에서 한 화자에게만 주의하고 유사한 공간 위치에서 들려오는 다른 대화를 선택적으로 걸러내는 능력을 묘사하는 것이다.
③ 타인의 기대나 관심으로 인하여 능률이 오르거나 결과가 좋아지는 현상으로 로젠탈효과, 자성적 예언, 자기충족적 예언이라고도 한다.
④ 다른 사람들에게 무시당하고 부정적인 낙인이 찍히면 행태가 나쁜 쪽으로 변해 가는 현상을 말한다.

8 TQM에 대한 설명으로 옳지 않은 것은?

① 고객중심
② 총체적 품질향상을 통한 경영목표 달성
③ 총괄적 품질경영
④ 제품생산이 이루어진 후의 검사 전략

TIP 》 TQM(Total Quality Management) … TQM이란 고객만족을 달성하기 위한 전략적, 통합적 관리체제이다. 전통적 관리와 TQM의 차이점 중 핵심적인 내용은 고객지향, 품질보장, 권한위임 및 조직구성원의 참여, 계속적 개선의 차원이라고 할 수 있다. 과거의 품질관리와는 달리 제품생산이 이루어진 후의 검사보다는 불량품을 예방하는 전략을 구사한다.

9 다음 (가)와 (나)가 각각 바탕으로 하고 있는 경제 개념은?

> (가) : 나 여자 친구와 헤어졌어.
> (나) : 왜?
> (가) : 내가 직장이 없어서……일부러 그만둔 건데…….
> (나) : 이미 헤어졌으니 잊어버려.

	(가)	(나)		(가)	(나)
①	자발적 실업	매몰비용	②	비자발적 실업	경제비용
③	계절적 실업	매몰비용	④	마찰적 실업	경제비용

TIP 》 ⑺는 일부러 그만둔 것이라고 말하였으므로 자발적 실업의 개념을 포함하며 ⑷는 그동안 여자 친구에게 들인 시간과 노력 등은 이미 헤어졌으니 다시 되돌릴 수 없는 매몰비용으로 생각하고 있다.

10 다음 ㉠과 ㉡에 들어갈 알맞은 것은?

- 관찰 대상의 수를 늘릴수록 집단에 내재된 본질적인 경향성이 나타나는 (㉠)은 보험표 계산 원리 중 하나로 이용된다.
- 생명보험계약의 순보험표는 (㉡)에 의해 계산된다.

	㉠	㉡
①	이득금지의 원칙	수직적 분석
②	한계생산의 법칙	수직적 마케팅 시스템
③	미란다 원칙	행정절차제도
④	대수의 법칙	수지상등의 법칙

TIP 》 ㉠ 대수의 법칙 : 관찰 대상의 수를 늘려갈수록 개개의 단위가 가지고 있는 고유의 요인은 중화되고 그 집단에 내재된 본질적인 경향성이 나타나게 되는 현상을 가리킨다. 인간의 수명이나 각 연령별 사망률을 장기간에 걸쳐 많은 모집단에서 구하고 이것을 기초로 보험 금액과 보험료율 등을 산정한다.
　㉡ 수지상등의 법칙 : 보험계약에서 장래 수입되어질 순보험료의 현가의 총액이 장래 지출해야 할 보험금 현가의 총액과 같게 되는 것을 말하며, 여기에서 수지가 같아진다는 것은 다수의 동일연령의 피보험자가 같은 보험종류를 동시에 계약했을 때 보험기간 만료 시에 수입과 지출이 균형이 잡혀지도록 순보험료를 계산하는 것을 의미한다.

11 경제주체들이 돈을 움켜쥐고 시장에 내놓지 않는 상황을 가리키는 용어는 무엇인가?

① 디플레이션　　　　　　　② 피구효과

③ 톱니효과　　　　　　　　④ 유동성 함정

TIP 》 유동성 함정 … 시장에 현금이 흘러 넘쳐 구하기 쉬운데도 기업의 생산, 투자와 가계의 소비가 늘지 않아 경기가 나아지지 않고 마치 경제가 함정(trap)에 빠진 것처럼 보이는 상태를 말한다. 1930년대 미국 대공황을 직접 목도한 저명한 경제학자 존 메이나드 케인즈(John Maynard Keynes)가 아무리 금리를 낮추고 돈을 풀어도 경제주체들이 돈을 움켜쥐고 내놓지 않아 경기가 살아나지 않는 현상을 돈이 함정에 빠진 것과 같다고 해 유동성 함정이라 명명했다.

12 다음 (   ) 안에 들어갈 알맞은 말은?

> 니콜라스 탈레브는 그의 책에서 (   )을/를 '과거의 경험으로 확인할 수 없는 기대 영역 바깥쪽의 관측 값으로, 극단적으로 예외적이고 알려지지 않아 발생가능성에 대한 예측이 거의 불가능하지만 일단 발생하면 엄청난 충격과 파장을 가져오고, 발생 후에야 적절한 설명을 시도하여 설명과 예견이 가능해지는 사건'이라고 정의하다. 이것의 예로 20세기 초에 미국에서 일어난 경제대공황이나 9·11 테러, 구글(Google)의 성공 같은 사건을 들 수 있다. 최근 전 세계를 강타한 미국 발 세계금융위기도 포함된다.

① 블랙스완
② 화이트스완
③ 어닝쇼크
④ 더블딥

> **TIP »** ① 극단적으로 예외적이어서 발생가능성이 없어 보이지만 일단 발생하면 엄청난 충격과 파 급효과를 가져오는 사건을 가리키는 말이다.
> ③ 기업이 실적을 발표할 때 시장에서 예상했던 것보다 저조한 실적을 발표하는 것을 말한다.
> ④ 경기침체 후 잠시 회복기를 보이다가 다시 침체에 빠지는 이중침체 현상을 말한다.

13 모든 사원이 회사 채무에 대하여 직접·연대·무한의 책임을 지는 회사 형태는 무엇인가?

① 합명회사
② 합자회사
③ 유한회사
④ 주식회사

> **TIP »** ② 사업의 경영은 무한책임사원이 하고, 유한책임사원은 자본을 제공하여 사업에서 생기는 이익의 분배에 참여하는 형태
> ③ 사원이 회사에 출자금액을 한도로 하여 책임을 질 뿐, 회사채권자에 대해서는 책임을 지지 않는 사원으로 구성된 회사
> ④ 주식의 발행으로 설립된 회사

14 위안화 절상의 영향에 대해 잘못 설명한 것은?

① 중국에 점포를 많이 갖고 있는 대형 마트업계는 지분법 평가 이익이 늘어날 것이다.

② 중국에 완제품이 아닌 소재나 부품, 재료 등을 공급하는 업종들은 효과가 반감될 것이다.

③ 철강 조선업계는 최근 철광석을 비롯한 원료가격의 상승에도 중국 철강재는 오히려 하락하면서 국제 철강시장을 교란시켰는데, 위안화가 절상되면 달러화 환산가격이 감소하여 국제 철강가격이 올라갈 것이다.

④ 중국이 수출할 때 가격경쟁력이 떨어지면서 중간재에 대한 수입이 줄게 되면 악재로 작용할 수도 있다.

> **TIP** 》 ③ 위안화가 절상되면 달러화 환산가격이 상승함에 따라 국제 철강가격의 오름세가 강화될 것이다.

15 주식시장에서 주가와 등락폭이 갑자기 커질 경우 시장에 미치는 영향을 완화하기 위해 주식 매매를 일시 정지하는 제도는?

① 서킷브레이크

② 섀도 보팅

③ 공개매수(TOB)

④ 사이드카

> **TIP** 》 ② 뮤추얼펀드가 특정 기업의 경영권을 지배할 정도로 지분을 보유할 경우 그 의결권을 중립적으로 행사할 수 있도록 제한하는 제도로 다른 주주들이 투표한 비율대로 의결권을 분산시키는 것이다.
> ③ 주식 등 유가증권을 증권시장 외에서 10인 이상 불특정 다수인으로부터 청약을 받아 공개적으로 매수하는 것을 말한다.
> ④ 선물거래에서 가격이 4% 이상 상승해 1분간 지속되면 발동하는 것으로, 프로그램 매매가 5분간 정지된다.

ANSWER 〉 12.① 13.① 14.③ 15.①

1 공동화현상과 관계없는 것은?

① 도넛현상　　　　　　　　　　② 직주접근

③ 스프롤현상　　　　　　　　　④ 회귀현상

> **TIP 》** 공동화현상 … 땅 값의 급등 및 공해 등을 이유로 주택들이 도시외곽으로 이동하게 되면서
> 결국 도시지역 내에는 공공기관이나 상업기관만이 남게 되는 현상으로, 일명 도넛현상이라
> 고도 한다. 이런 현상이 심해지면 출퇴근이 매우 혼잡하고 교통난이 가중되어 다시 도심으
> 로 돌아오는 현상이 나타나게 된다. 이것을 직주접근(職住接近) 또는 회귀현상이라고 한다.
> ③ 스프롤현상은 도시가 급격하게 팽창하면서 시가지가 도시 교외지역으로 질서 없이 확대되는 현
> 상을 말한다.

2 이방인에 대한 혐오현상을 나타내는 심리용어는?

① 호모포비아　　　　　　　　　② 제노포비아

③ 노모포비아　　　　　　　　　④ 차오포비아

> **TIP 》** 제노포비아(xenophobia) … 낯선 것 혹은 이방인이라는 의미의 '제노(xeno)'와 싫어한다는
> 뜻의 '포비아(phobia)'가 합성된 말로, 이방인에 대한 혐오현상을 의미한다.
> ① 동성애 혹은 동성애자에 대한 무조건적인 혐오와 그로 인한 차별을 일컫는 말이다.
> ③ no mobile-phone phobia의 줄임말로 휴대전화가 없을 때 공포감을 느끼는 증상을 말
> 한다.
> ④ '차오'는 朝의 중국 발음으로, 조선족 혐오현상을 말한다.

3 윤락가 등 청소년 유해업소가 밀집하여 청소년의 통행을 원천적으로 금지하는 지역은?

① 레드존　　　　　　　　　　　② 블랙존

③ 블루존　　　　　　　　　　　④ 그린존

> **TIP 》** 레드존(red zone) … 「청소년 보호법」에 근거한 청소년 통행금지구역으로, 윤락가 등 청소년
> 유해업소가 밀집한 지역에 지방자치단체장이 의무적으로 레드존을 지정하여 원칙적으로 청
> 소년의 통행을 금지하거나 일정한 시간 동안 통행을 제한할 수 있다. 기존의 청소년 출입
> 제한구역과 달리 다른 지역과의 경계선에 빨간 줄을 그어 뚜렷이 구분되도록 한다.

4 다음 중 핵가족화에 따른 노인들의 상실·소외·우울증을 일컫는 말은?

① J턴 현상   ② 마스킹 효과

③ LID증후군   ④ 슬로비족

> **TIP 》** LID증후군(loss isolation depression syndrom) … 핵가족화에 따른 노인들의 고독병
> ① 대도시에 취직한 시골출신자가 고향으로 돌아가지 않고 지방 도시로 직장을 옮기는 형태의 노동력 이동을 말한다.
> ② 현대 직장인들이 자아성취에 대한 욕구의 증가로 업무를 우선시하여 건강을 잃는 것을 느끼지 못함을 말한다.
> ④ 천천히, 그러나 훌륭하게 일하는 사람의 약칭으로 일확천금에 집착하지 않고 성실하고 안정적인 생활에 삶의 가치를 더 부여하는 사람들을 의미한다.

5 다음 중 2019년 최저임금은 얼마인가?

① 8,210원   ② 8,350원

③ 8,580원   ④ 8,690원

> **TIP 》** 최저임금은 국가가 근로자들의 생활안정 등을 위해 임금의 최저수준을 정하고 사용자에게 그 수준 이상의 임금을 지급하도록 법으로 강제하는 제도이다. 2019년에는 2018년보다 10.9% 인상된 8,350원으로 결정되었다.

6 여성들의 고위직 진출을 가로 막는 회사 내 보이지 않는 장벽을 뜻하는 말로, 여성 직장인들의 승진의 최상한선, 승진을 막는 보이지 않는 장벽을 의미하는 것은?

① 우물천장   ② 유리벽

③ 유리상자   ④ 유리천장

> **TIP 》** 유리천장 … 여성들의 고위직 진출을 가로 막는 회사 내 보이지 않는 장벽을 뜻하는 말로, 여성 직장인들의 승진의 최상한선, 승진을 막는 보이지 않는 장벽을 말한다. 미국의 유력 경제주간지인 「월스트리트저널」이 지난 1970년 만들어낸 신조어이다. 그리고 이때를 전후해 미국 정부는 유리천장 위원회(Glass Ceiling Commission)를 결성해 여성 차별을 해소하고 여성들의 사회 진출을 제도적으로 독려하였다.

ANSWER 》 1.③ 2.② 3.① 4.③ 5.② 6.④

7 직장폐쇄와 관련된 것으로 틀린 것은?

① 직장폐쇄기간 동안 임금을 지급하지 않아도 된다.

② 직장폐쇄를 금지하는 단체협약은 무효이다.

③ 사용자의 적극적 권리를 의미한다.

④ 직장폐쇄를 노동쟁의를 사전에 막기 위해 실시하는 경우에(예방)는 사전에 해당관청과 노동위원회에 신고해야 한다.

> **TIP 》** 노동쟁의 사전이 아니라 사후에 신고해야 한다.

8 금융·호텔·병원·수송 등 종래 전통적인 서비스업 외에 새로 개발된 5가지 서비스 산업이 아닌 것은?

① 소프트웨어 서비스　　　　　　② 시큐리티 서비스

③ 섭스티튜트 서비스　　　　　　④ 사업 서비스

> **TIP 》** 금융·호텔·병원·수송 등 종래의 전통적인 서비스업 외에 새로 개발된 5가지 서비스 산업을 말한다.
> ㉠ 기업·개인의 업무를 대행하는 섭스티튜트(substitute) 서비스
> ㉡ 컴퓨터 시스템의 사용·유지관리, 프로그램 등의 소프트웨어(software) 서비스
> ㉢ 개인·기업의 안전, 생명·재산 보호에 대한 시큐리티(security) 서비스
> ㉣ 복지사업 등 사회보장 확립을 위한 사회적(social) 서비스
> ㉤ 변호사·의료·사설학원에 의한 특수(special) 서비스

9 사회보장제도에 대한 설명으로 옳은 것은?

① 우리나라 사회보장제도는 사회보험, 공공부조, 사회복지서비스로 구분된다.

② 공공부조의 대상자는 보험료 부담 능력이 있는 사람이다.

③ 사회보험은 강제성을 띠지 않는다.

④ 사회보험은 비용을 국가에서 부담하는 반면, 공공부조는 피보험자가 부담한다.

> **TIP 》** ① 국제노동기구(ILO)에서는 사회보장의 내용을 사회보험과 공공부조로 보고 있는 것에 비해, 우리나라와 일본에서는 사회보험, 공공부조, 사회복지서비스로 구분하여 보고 있다.
> ② 공공부조는 보험료의 부담능력이 없는 생활 무능력자를 대상으로 한다.
> ③ 사회보험은 강제가입, 능력별 부담, 근로의욕 고취 등의 특징을 보인다.
> ④ 사회보험은 피보험자나 기업주 또는 국가에서 비용을 부담하고, 공공부조는 전액 국가에서 부담한다.

10 국민연금에 대한 설명으로 바르지 않은 것은?

① 국민연금은 가입 이후 20년 이상 납입하여야 수령의 자격이 발생한다.

② 국민연금의 종류로는 노령연금, 장애연금, 유족연금 등이 있다.

③ 병역의무를 이행한 자에게 6개월의 가입기간을 추가로 인정해 준다.

④ 2자녀 이상 출산 시 가입기간을 추가로 인정해 준다.

> **TIP** 》 ① 국민연금은 가입 이후 10년 이상 납입하면 수령할 수 있다.
> ② 국민연금은 나이가 들거나 장애·사망으로 인해 소득이 감소할 경우 일정한 급여를 지급하여 소득을 보장하는 사회보험으로, 지급받게 되는 급여의 종류는 노령연금(분할연금), 장애연금, 유족연금, 반환일시금, 사망일시금 등이 있다.
> ③ 가입기간 인정(크레딧)제도 운영: 출산 및 군복무에 대해 연금 가입기간을 추가 인정해주는 크레딧 제도를 통해 노령연금수급기회를 확대하고 있다. 병역의무를 이행한 자에게 6개월의 가입기간을 추가로 인정하고 해당기간의 소득은 평균소득월액의 1/2을 인정한다(2008. 1. 1. 이후 군에 입대하는 자부터 인정).
> ④ 2자녀 이상 출산 시 가입기간을 추가로 인정하고 해당기간의 소득은 평균소득월액의 전액을 인정한다(2008. 1. 1. 이후 출생한 자녀부터 인정).

구분	내용			
자녀수	2자녀	3자녀	4자녀	5자녀 이상
추가 인정기간	12개월	30개월	48개월	50개월

11 사회보장의 기능과 형평성에 대한 설명으로 옳지 않은 것은?

① 사회보장제도는 소득의 재분배를 통한 국민의 생존권의 실현과 최저생활 확보를 전제로 한다.

② 소득재분배의 형태는 수직적, 수평적, 세대 간 재분배의 세 가지로 구분할 수 있다.

③ 수직적 재분배는 소득이 높은 계층으로부터 낮은 계층으로 재분배되는 것으로 분배의 형평성을 지향한다.

④ 공적연금제도는 수평적 재분배의 대표적 예라고 할 수 있다.

> **TIP** 》 ④ 공적연금제도는 재정조달 방식이 부과방식일 경우 현재의 노령세대는 근로세대로부터, 현재의 근로세대는 미래세대로부터 소득이 재분배되기 때문에 세대 간 재분배라고 볼 수 있다.

ANSWER 〉 7.④ 8.④ 9.① 10.① 11.④

12 각종 연금에 대한 설명으로 옳지 않은 것은?

① 농지연금은 신청일 기준으로부터 과거 5년 이상 영농경력 조건을 갖추어야 한다.

② 주택연금은 부부 중 한 명이 만 60세 이상으로 1가구 1주택 소유자면 신청가능하다.

③ 기초노령연금은 만 65세 이상 전체 노인 중 소득과 재산이 적은 70%의 어르신에게 지급한다.

④ 유족연금은 가입기간에 따라 일정률(40~60%)의 기본연금액에 부양가족연금액을 합산하여 지급한다.

> **TIP 》** ② 주택연금은 부부 모두의 나이가 보증신청일 현재 만 60세 이상이어야 한다.

13 공공부조의 기본원리에 대한 설명으로 옳은 것은?

① 생존보장의 원리 : 공공부조의 보호수준은 최저한의 생활이 유지되도록 하여야 한다는 원리

② 국가책임의 원리 : 국가는 모든 국민의 건강하고 문화적인 생활을 보호하여야 하며, 역으로 국민의 입장에서 생존권을 보호받을 수 있는 권리를 보장하는 원리

③ 무차별 평등의 원리 : 공공부조 수급의 법적 기준에 해당하는 사람이면 빈곤의 원인이나 신앙, 성별 등에 상관없이 누구든지 평등하게 보호받아야 한다는 원리

④ 보충성의 원리 : 보호대상자 스스로가 자신의 생활을 책임질 수 있도록 한다는 원리

> **TIP 》** ① 최저생활 보호의 원리에 대한 설명이다.
> ② 생존권 보장의 원리에 대한 설명이다.
> ④ 자립 조성의 원리에 대한 설명이다.
> ※ 공공부조의 원리 및 원칙
>   ㉠ 공공부조의 6대 원리
>   • 생존권 보장의 원리 : 국민은 생활이 어렵게 되었을 때 자신의 생존을 보장 받을 수 있는 권리가 법적으로 인정된다.
>   • 국가책임의 원리 : 빈곤하고 생활 능력이 없는 국민에 대해서는 궁극적으로 국가가 책임지고 보호한다.
>   • 최저생활 보호의 원리 : 단순한 생계만이 아니라 건강하고 문화적인 수준을 유지할 수 있는 최저한도의 생활이 보장되어야 한다.
>   • 무차별 평등의 원리 : 사회적 신분에 차별 없이 평등하게 보호받을 수 있어야 한다.
>   • 자립 조성의 원리 : 자립적이고 독립적으로 사회생활에 적응해 나갈 수 있도록 돕는다.
>   • 보충성의 원리 : 수급자가 최저한도의 생활을 유지할 수 없는 경우에 최종적으로 그 부족분을 보충한다.
>   ㉡ 공공부조의 6대 원칙
>   • 신청보호의 원칙 : 우선적으로 국가에게 보호신청을 한 후 직권보호를 받는다.
>   • 기준과 정도의 원칙 : 대상자의 연령, 세대구성, 소득관계 및 자산 조사를 통해 부족분만을 보충한다.
>   • 필요즉응의 원칙 : 무차별 원리에 대한 보완적 성격으로 보호 신청이 있을시 즉시 보호 여부를 결정해야 한다.

- 세대단위의 원칙 : 공공부조는 세대를 단위로 하여 그 서비스의 필요여부 및 정도를 결정한다.
- 현금부조의 원칙 : 수급권자의 낙인감과 불신을 최소화하기 위해 금전 급여를 원칙으로 한다.
- 거택보호의 원칙 : 수급권자가 거주하는 자택에서 공공부조가 제공된다.

14 업무 시간에 주식, 게임, 음란물 등 업무 이외의 용도로 인터넷을 이용하는 것을 무엇이라 하는가?

① 싱커즈족

② 사이버슬래킹

③ 쿼터리즘

④ 시피족

　　TIP 》　① **싱커즈족**(Thinkers) : 결혼 후 맞벌이를 하며 아이를 낳지 않고 일찍 정년퇴직해 노후를 즐기는 신계층
　　　　② **사이버슬래킹**(cyber slacking) : 인터넷을 업무에 활용하는 것이 보편화되면서 업무 이외의 용도로 사용하는 사례가 증가하고 있다. 사이버슬래킹은 업무 시간에 인터넷과 e-메일 등 업무를 위해 설치한 정보인프라를 개인적 용도로 이용하면서 업무를 등한시 하는 행위를 말한다. 특히 최근에는 MP3 음악파일과 동영상 중심의 멀티미디어 콘텐츠가 크게 증가하는 등 대용량 정보가 많아지면서 단순히 개인 업무 공백이 아닌 조직 전체에 차질을 주는 사태로 이어져 문제가 되고 있다.
　　　　③ **쿼터리즘**(quarterism) : 인내심을 잃어버린 요즘 청소년의 사고 · 행동양식을 지칭
　　　　④ **시피족**(character intelligence professionalism) : 지적 개성을 강조하고 심플 라이프를 추구하는 신세대 젊은이

1 다음 중 모듈 방식 설계의 특징으로 볼 수 없는 것은?

① 경제적 생산의 실현 ② 소비자의 다양한 욕구 충족

③ 완제품의 표준화 ④ 부품의 호환성 증대

> **TIP 》** 모듈 방식 설계 … 하나의 시스템을 구축하려 할 때 독자적 기능을 가지는 여러 개의 모듈로 나뉘도록 설계하는 방법으로, 각 모듈은 하나의 시스템으로 운영되며 이러한 작업을 반복적으로 계속 수행할 수 있기 때문에 개발 기간의 단축되며 경제적 생산을 실현할 수 있다. 또한 시스템에 고장이나 오류에 대한 대응, 다양한 요구에 대한 대응, 신규 기능에 대한 대응 등에 용이하다.

2 에디슨이 대나무 섬유를 탄화하여 전구의 필라멘트로 사용했을 때 처음 알려진 것으로, 우리나라의 경우 1990년 태광산업이 처음으로 생산에 성공했다. 낚싯대, 테니스 라켓, 공기정화기 및 정수기 등에 쓰이는 이 소재는?

① 금속섬유 ② 탄소섬유

③ 내열성섬유 ④ 탄화규소섬유

> **TIP 》** 탄소섬유 … 셀룰로스, 아크릴 섬유, 비닐론, 피치(pitch) 등의 유기섬유를 비활성 기체 속에서 가열, 탄화하여 만든 섬유이다. 일반적으로는 탄소의 육각 고리가 연이어 층상격자를 형성한 구조로, 내열성, 내충격성이 뛰어나며 화학약품에 강하고 해충에 대한 저항성이 크다. 스포츠용품(낚싯대, 테니스 라켓), 항공기 동체, 자동차, 건축(경량재, 내장재), 통신(안테나), 환경산업(공기정화기, 정수기) 등 각 분야의 소재로 널리 쓰인다.

3 다음 중 국내 최초의 원자력발전소는?

① 고리 1호기 ② 월성 1호기

③ 영광 1호기 ④ 울진 1호기

> **TIP 》** 우리나라 최초의 원자력 발전소는 고리 1호기로 1978년 4월 29일에 처음으로 가동을 시작했다.
> ② 1983년에 가동을 시작했다.
> ③ 1986년에 가동을 시작했다.
> ④ 1988년에 가동을 시작했다.

4 '2.3GHz 휴대인터넷'으로 불리었으며, 무선 광대역 인터넷 서비스로 풀이되는 용어로 언제 어디서나 이동하면서 인터넷을 이용할 수 있는 서비스는 무엇인가?

① 와이브로 ② 와이파이
③ WCDMA ④ 와이맥스

> TIP 》 ② Wireless Fidelity의 약어로, 흔히 '무선 랜'이라고 하는 근거리 무선 통신 기술이다. 즉, 와이파이는 IEEE 802.11 무선 통신 표준에 입각한 제품임을 표시하는 일종의 상표명이라고 볼 수 있다.
> ③ wideband CDMA의 약어로 CDMA의 방식을 3G로 업그레이드한 기술방식을 말한다. 우리가 사용하는 일반적인 휴대전화는 WCDMA 서비스를 이용하여 음성통화는 물론이고 화상통화까지 가능하다.
> ④ 휴대 인터넷의 기술 표준을 목표로 미국 인텔사가 개발한 IEEE 802.16d 규격의 무선 통신 기술로 전송속도는 빠르지만 사용 반경이 좁다는 와이파이의 단점을 보완한 기술로, 이론적으로 장애물이 없는 지역에서는 전송 거리가 약 45km에 달한다.

5 다음 중 화력발전의 원료가 아닌 것은?

① 석탄 ② 석유
③ 천연가스 ④ 우라늄

> TIP 》 ④ 우라늄은 원자력발전의 원료이다.

6 희토류에 대한 설명으로 옳은 것은?

① 원자번호 50~57에 배열되는 일련의 유사금속이다.
② 국내에는 전혀 매장되어 있지 않아 전적으로 수입에 의존한다.
③ 중국의 희토류 수출량은 전 세계 유통량 중 90% 이상을 차지한다.
④ 희토류를 가공할 때 드는 비용이 비교적 적게 든다.

> TIP 》 ① 주기율표 제3족인 스칸듐·이트륨 및 원자번호 57에서 71인 란타넘 계열의 15원소를 합친 17원소의 총칭으로 대개 은백색 또는 회색 금속이다.
> ② 국내에서는 강원 홍천과 충북 충주에서 존재가 확인되었다.
> ④ 희토류를 가공할 때 나오는 방사능 물질의 폐기물 처리에 비용이 많이 든다.

ANSWER 》 1.③ 2.② 3.① 4.① 5.④ 6.③

7 다음 단어의 알파벳 첫 글자를 조합하여 연상할 수 있는 단어는?

> ㉠ 웨이브폰에 적용한 삼성전자의 독자 운영체제(OS)
> ㉡ 현실에서 가상화면을 볼 수 있게 하는 기술
> ㉢ 아이패드, 갤럭시 탭을 통칭하는 용어

① ② ③ ④

> **TIP »** ㉠ 웨이브폰에 적용한 삼성전자의 독자 운영체제(OS) : 바다(Bada) → B
> ㉡ 현실에서 가상화면을 볼 수 있게 하는 기술 : 증강현실(Augmented Reality) → A
> ㉢ 아이패드, 갤럭시 탭을 통칭하는 용어 : 태블릿 PC (Tablet PC) → T

8 컴퓨터 관련 용어에 대한 설명으로 옳은 것은?

① 프로토콜 : 사용자에게 내용의 비순차적인 검색이 가능하도록 제공되는 텍스트로 문서 내에 있는 특정 단어가 다른 단어나 데이터베이스와 링크 돼 있어 사용자가 관련 문서를 넘나들며 원하는 정보를 얻을 수 있도록 한다.

② 캐싱 : 명령어와 데이터를 캐시 기억 장치 또는 디스크 캐시에 일시적으로 저장하는 것으로 중앙 처리 장치(CPU)가 주기억 장치 또는 디스크로부터 명령어와 데이터를 읽어 오거나 기록하는 것보다 몇 배 빠른 속도로 단축시킴으로써 컴퓨터의 성능을 향상시킨다.

③ 하이퍼텍스트 : 통신회선을 이용하는 컴퓨터와 컴퓨터 또는 컴퓨터와 단말기계가 데이터를 주고받을 때의 상호약속이다.

④ TCP/IP : 인터넷 상 주민번호를 대체하는 개인 식별 번호로 2005년 정보통신부가 개인의 주민등록번호 유출과 오남용 방지를 목적으로 마련한 사이버 신원 확인번호이다.

> **TIP »** ① 하이퍼텍스트에 대한 설명이다.
> ③ 프로토콜에 대한 설명이다.
> ④ 아이핀에 대한 설명이다. TCP/IP는 서로 기종이 다른 컴퓨터들 간의 통신을 위한 전송규약이다.

9 CPU의 대기 상태를 보완할 수 있는 방법으로 적절하지 않은 것은?

① CPU 캐시
② 명령어 파이프라인
③ 동시멀티스레드
④ 배터리 교환

TIP 》 CPU의 대기 상태는 응답이 느린 외부 메모리나 다른 장치에 접근할 때 컴퓨터 프로세서가 겪는 지연 현상을 말한다. CPU 캐시, 명령어 파이프라인, 명령어 프리패치, 분기 예측, 동시 멀티스레드 등 여러 기술이 동시적으로 사용하여 문제를 상당 부분 해결할 수 있다.

10 전류와 자기장 전류가 흐르는 도선에는 자기장이 형성되는데 이처럼 전류의 방향과 자기장의 방향과의 관계를 나타내는 법칙은?

① 쿨롱의 법칙
② 앙페르법칙
③ 옴의 법칙
④ 렌츠의 법칙

TIP 》 ① 전하를 가진 두 물체 사이에 작용하는 힘의 크기는 두 전하의 곱에 비례하고 거리의 제곱에 반비례한다는 법칙이다.
③ 전류의 세기는 두 점 사이의 전위차에 비례하고, 전기저항에 반비례한다는 법칙이다.
④ 유도기전력과 유도전류는 자기장의 변화를 상쇄하려는 방향으로 발생한다는 전자기법칙이다.

11 다음의 현상과 원리에 대한 설명으로 옳지 않은 것은?

① 고체는 분자가 진동하는 운동을 한다.
② 세탁기가 멈춘 후 세탁물이 통의 벽면에 붙어 있는 이유는 원심력 때문이다.
③ 달에서 하늘이 검게 보이는 이유는 물이 없기 때문이다.
④ 빛의 삼원색을 섞으면 하얀색이 된다.

TIP 》 ③ 달에서 하늘이 검게 보이는 이유는 대기가 없어서 빛의 산란이 일어나지 않기 때문이다.
① 기체와 액체는 분자가 이동하는 운동, 고체는 분자가 진동하는 운동을 한다.
② 원심력 : 원운동을 하는 물체나 입자에 작용하는 원의 바깥으로 나가려는 힘
④ 빛의 삼원색을 섞으면 하얀색, 색의 삼원색을 섞으면 검은색이 된다.

ANSWER 》 7.② 8.② 9.④ 10.② 11.③

12 다음 ( ) 안에 들어갈 알맞은 말은?

> QR코드는 흔히 보는 바코드 비슷한 것인데, 활용성이나 정보성 면에서 기존의 바코드보다는 한층 진일보한 코드 체계이다. 기존의 바코드는 기본적으로 가로 배열에 최대 ( )만 넣을 수 있는 1차원적 구성이지만, QR코드는 가로, 세로를 활용하여 숫자는 최대 7,089자, 문자는 최대 4,296자, 한자도 최대 1,817자 정도를 기록할 수 있는 2차원적 구성이다.

① 20자 정보   ② 50자 정보

③ 100자 정보   ④ 1,000자 정보

    TIP》 ① 바코드는 최대 20자 내외의 숫자 정보만 저장할 수 있다.

13 다음의 설명하는 용어에서 나타나는 숫자를 모두 합하면?

> • 현재 4세대 이동통신 방식
> • IPv4에 이어서 개발된 인터넷 프로토콜 주소 표현 방식의 차세대 버전
> • 가야금 줄

① 11   ② 20

③ 22   ④ 24

    TIP》 ③ 4G(4) + IPv6(6) + 가야금 줄(12) = 22

14 제시된 단어와 같은 관계가 되도록 ( ) 안에 적당한 단어를 고르면?

> 보일의 법칙 : ( ) = 샤를의 법칙 : 온도

① 시간   ② 속도

③ 부력   ④ 압력

    TIP》 보일의 법칙은 일정온도에서 기체의 압력과 그 부피는 서로 반비례한다는 법칙이고, 샤를의 법칙은 일정한 압력 하에서 기체의 체적은 절대온도에 비례한다는 법칙이다.

15 AM OLED에 대한 설명으로 옳지 않은 것은?

① 형광 유기물 박막에 전류를 흘려 빛을 발생시킨다.

② 자체 발광형 디스플레이이다.

③ 수동형 유기발광 다이오드를 말한다.

④ 색 재현율과 명암비도 월등하다.

> **TIP** 》 AM OLED ⋯ 능동형 유기발광 다이오드를 말한다. OLED는 형광 또는 인광 유기물 박막에 전류를 흘리면 전자와 정공이 유기물 층에서 결합하면서 빛이 발생하는 원리를 이용한 자체 발광형 디스플레이를 말한다. OLED는 다시 수동형인 PM(Passive Matrix) OLED와 능동형인 AM OLED로 나뉜다. PM OLED가 하나의 라인 전체가 한꺼번에 발광해 구동하는 라인 구동방식인 데 비해 AM OLED는 발광소자가 각각 구동하는 개별 구동방식이다.

16 다음 중 서로 연관성 있는 것끼리 짝지어진 것은?

① DDoS – P2P ② DDoS – 좀비PC

③ 파밍 – P2P ④ 파밍 – 좀비PC

> **TIP** 》 ㉠ DDoS : 분산서비스거부공격으로, 여러 대의 공격자를 분산·배치하여 동시에 서비스 거부를 동작시켜 특정 사이트를 공격하여 네트워크의 성능을 저하시키거나 시스템을 마비시키는 해킹방식의 하나이다. 이용자는 해당 사이트에 정상적으로 접속이 불가능하고, 컴퓨터의 기능에 치명적 손상을 입을 수 있으며, 수많은 컴퓨터 시스템이 해킹의 숙주로 이용될 수도 있다. 공격은 대체로 이메일이나 악성코드로 일반사용자의 PC를 감염시켜 좀비PC를 만든 후 명령제어 서버의 제어를 통해 특정 시간대에 동시에 수행된다.
> ㉡ 좀비PC : 해커가 웹사이트, 스팸메일을 통해 악성코드를 심어놓은 PC로 자신의 의지와는 상관없이 패킷 폭탄을 날리는 의미에서 좀비라는 이름이 붙었다.
> ㉢ 파밍(pharming) : 해당 사이트가 공식적으로 운영 중인 도메인 자체를 중간에서 가로채거나 도메인 네임 시스템 또는 프락시 서버의 주소 자체를 변경하여 사용자들로 하여금 공식 사이트로 오인하여 접속토록 유도한 뒤 개인정보를 빼내는 새로운 컴퓨터 범죄수법이다.
> ㉣ P2P : 인터넷상에서 개인과 개인이 직접 연결되어 파일을 공유하는 것을 말한다.

ANSWER 〉 12.① 13.③ 14.④ 15.③ 16.②

1 사지, 혀, 입술의 떨림, 혼돈, 그리고 진행성 보행 실조, 발음장애 등의 증상이 나타나는 미나마타병의 원인은?

① 납 중독　　　　　　　　　② 카드뮴 중독
③ 수은 중독　　　　　　　　　④ 방사능 중독

　　TIP 》 미나마타병 … 수은중독으로 인해 발생하는 다양한 신경학적 증상과 징후를 특징으로 공해병으로, 1956년 일본의 구마모토현 미나마타시에서 메틸수은이 포함된 조개 및 어류를 먹은 주민들에게서 집단적으로 발생하면서 사회적으로 큰 문제가 되었다.

2 다음 중 환경보전을 위한 다자간협상을 의미하는 것은?

① 그린피스　　　　　　　　　② 람사협약
③ 그린라운드　　　　　　　　④ 녹색운동

　　TIP 》 그린라운드 … 환경문제를 국제간 협상의 주요한 화제로 다룬다는 의미에서 붙여진 이름이며 미국의 상원의원 맥스 보커스에 의해 처음 사용되었다. 브라질의 셀바스 개발(지구의 산소 공급원인 열대우림지역)을 둘러싸고 열대우림지역의 파괴를 우려하는 선진국과 개발을 주장하는 브라질 사이의 갈등이 심화되고 있다. 그린라운드는 선진국들이 정한 기준보다 공해를 더 유발한 상품일 경우 관세를 더 물리도록 하겠다는 것이 주요 내용이므로 수출을 중시하는 우리나라에게 많은 부담을 주고 있다.

3 주어진 지문의 괄호 안에 들어갈 용어를 순서대로 나열한 것은?

> 　(　　)란 물속에 포함되어있는 산소량, 즉 용존산소량을 의미하며, (　　)란 호기성 미생물이 일정 기간 동안 물속에 있는 유기물을 분해할 때 사용하는 산소량을 말한다. 또한, (　　)란 유기물 등의 오염물질을 산화제로 산화·분해시켜 정화하는데 소비되는 산소량을 의미한다. 이들은 모두 물의 오염된 정도를 표시하는 지표로 사용된다.

① DO, COD, BOD　　　　　　② DO, BOD, COD
③ COD, BOD, DO　　　　　　④ COD, DO, BOD

4 우리나라의 기상특보 중 '한파경보' 발표기준은?

① 아침 최저기온이 전날보다 20℃ 이상 하강하여 평년값보다 5℃ 낮을 것으로 예상될 때

② 아침 최저기온이 전날보다 15℃ 이상 하강하여 평년값보다 3℃ 낮을 것으로 예상될 때

③ 아침 최저기온이 전날보다 12℃ 이상 하강하여 평년값보다 5℃ 낮을 것으로 예상될 때

④ 아침 최저기온이 전날보다 10℃ 이상 하강하여 평년값보다 3℃ 낮을 것으로 예상될 때

TIP 》 ② 한파경보는 아침 최저기온이 전날보다 15℃ 이상 하강하여 평년값보다 3℃ 낮을 것으로 예상되거나, 2일 이상 −15℃ 이하가 지속될 것이 예상될 때, 급격한 저온현상으로 광범위한 지역에서 큰 피해가 예상될 때 발표된다.

　　④ 한파주의보는 아침 최저기온이 전날보다 10℃ 이상 하강하여 평년값보다 3℃ 낮을 것으로 예상되거나, 2일 이상 −12℃ 이하가 지속될 것이 예상될 때, 급격한 저온현상으로 큰 피해가 예상될 때 발표된다.

5 다음 중 현상에 대한 설명이 옳지 않은 것은?

① 기압은 온도에 영향을 받는다.

② 따뜻한 공기가 모인 곳은 공기의 밀도가 낮아 저기압이 된다.

③ 바람은 고기압 지역에서 저기압 지역으로 공기가 이동하면서 생긴다.

④ 기압의 차가 작을수록 바람의 세기와 속도가 강해진다.

TIP 》 ④ 바람은 두 지역의 기압 차이로 발생되며 기압의 차이가 클수록 그 세기와 속도가 강해진다.

ANSWER 〉 1.③ 2.③ 3.② 4.② 5.④

6 보행자의 올바른 통행 방법이 아닌 것은?

① 보행자는 부득이 한 경우를 제외하고 언제나 보도를 통행해야 한다.

② 보행자는 육교나 지하도 등 도로 횡단 시설이 있는 경우에는 그곳으로 횡단해야 한다.

③ 보행자는 보도와 차도가 구분되지 않은 도로에서는 길 가장자리로 통행한다.

④ 보행자가 물건을 가지고 차도로 통행할 수 있다.

> **TIP》** ① 도로교통법 제8조 제1항
> ② 도로교통법 제10조 제2항
> ③ 도로교통법 제8조 제2항
> ④ 보행자가 차도에 물건을 가지고 통행하는 것은 위험하다.

7 다음 중 구제역에 걸리는 동물이 아닌 것은?

① 사슴　　　　　　　　　　② 돼지

③ 개　　　　　　　　　　　④ 양

> **TIP》** 구제역 … 소, 돼지, 양, 염소, 사슴 등 발굽이 둘로 갈라진 우제류에 감염되는 질병으로 전염성이 매우 강하며 입술, 혀, 잇몸, 코, 발굽 사이 등에 물집이 생기며 체온이 급격히 상승하는 증세를 보이다 결국에는 폐사하게 된다. 국제사무국(OIE)에서 A급 질병으로 분류하였으며 우리나라에서도 제1종 가축전염병으로 지정되어 있다.

8 다음 중 바이러스 등에 의한 자극에 대해 바이러스의 감염을 막는 역할을 하는 것은?

① 아나필락시스　　　　　　② 인터루킨

③ AIDS　　　　　　　　　④ 인터페론

> **TIP》** ① 아나필락시스(anaphylaxis) : 항원항체반응으로 일어나는 생체의 과민반응
> ② 인터루킨(interleukin) : 백혈구 사이의 상호작용을 매개하는 물질
> ③ 후천성면역결핍증(acquired immune deficiency syndrome) : 체내의 세포면역 기능이 현저히 떨어져 보통 사람에게서는 볼 수 없는 희귀한 각종 감염증이 발생하고, 이것이 전신에 퍼지는 질환
> ④ 인터페론(interferon) : 바이러스의 침입을 받은 세포에서 분비되는 단백질로 바이러스의 침입에 대하여 저항하도록 생체내의 세포들을 자극하는 물질

9 다음 중 간(肝)의 기능이 아닌 것은?

① 면역기능　　　　　　　　　② 지방의 소화
③ 해독 작용　　　　　　　　　④ 혈액응고

　　TIP 》 ② 지방의 소화는 소장의 기능이다.

10 다음 중 신종플루의 발병 원인으로 지적된 동물은 무엇인가?

① 고양이　　　　　　　　　　② 돼지
③ 원숭이　　　　　　　　　　④ 호랑이

　　TIP 》 신종인플루엔자는 사람, 돼지, 조류 인플루엔자 바이러스의 유전물질이 혼합되어 나타난 새로운 종류의 바이러스이다. 신종인플루엔자가 처음 확산되었을 때 돼지독감, 돼지인플루엔자로 불렸으나 WHO가 돼지와의 연관관계를 알 수 없다며 명칭을 H1N1 인플루엔자 A로 변경하였다.

11 한국인이 가장 걸리기 쉬운 질병은?

① 신종플루　　　　　　　　　② 조류독감
③ 헬리코박터균　　　　　　　④ 콜레라

　　TIP 》 ③ 헬리코박터균은 헬리코박터 파일로리((Helicobacter pylori)는 몇 개의 편모를 가지고 있는 나선형 세균이며, 증식 속도가 느리지만 빠른 움직임을 보이는 것이 특징이다. 세계보건기구(WHO)에서 발암인자로 규정된 균으로 한 그릇에 담긴 음식을 여럿이 떠먹는 한국인의 식습관 때문에 한국인 성인 남녀 60% 이상이 헬리코박터균에 감염된 것으로 알려져 있다.

12 다음 중 적조현상의 원인이 아닌 것은?

① 수온의 상승　　　　　　　　② 해류의 정체
③ 질수(N), 인(P) 등의 유입　　④ 염분농도의 상승

　　TIP 》 적조(赤潮)현상 … 바닷물의 플랑크톤이 갑자기 이상 번식되어 해수가 적색이나 황색·갈색으로 변화하는 현상으로, 도시공장폐수로 바다가 오염되어 질소·인 등이 많아지는 부영양화가 간접적인 원인이다.

ANSWER 》 6.④　7.③　8.④　9.②　10.②　11.③　12.④

13 다음 중 온난화에 대한 설명으로 옳지 않은 것은?

① 주된 원인은 이산화탄소이다.

② 지구 표면의 평균 온도가 상승하는 현상이다.

③ 우리나라는 기후변화협약에 가입되어 있지 않다.

④ 온난화에 의해 대기 중의 수증기량이 증가하면서 평균 강수량이 증가할 수 있다.

> **TIP** 》 온난화현상은 대기 중의 탄산가스와 수증기가 파장이 긴 지구복사열을 통과시키지 못하고 흡수하여 지구 표면의 온도가 상승하는 현상이다.
> ③ 우리나라는 1993년 12월에 기후변화협약에 가입하였다.

14 도심의 대기오염을 악화시키는 기상조건에 해당하지 않는 것은?

① 기온역전현상

② 기압골의 접근

③ 이동성 고기압권

④ 지표면의 복사열

> **TIP** 》 ② 기압골이 접근하면 비구름이 형성된다. 비가 올 경우 대기 중의 먼지와 각종 오염물질이 제거된다.

15 고기압과 저기압의 구분기준은?

① 900헥토파스칼

② 1,000헥토파스칼

③ 1,014헥토파스칼

④ 기준이 없다.

> **TIP** 》 고기압과 저기압은 구분기준이 따로 있는 것이 아니라 주위보다 상대적으로 높으면 고기압, 낮으면 저기압이라 한다.

16 다음 중 천연보호수역으로 지정되지 않은 곳은?

① 설악산   ② 한라산

③ 대암산과 대우산   ④ 태백산

> **TIP** 》 천연보호수역 … 홍도, 설악산, 한라산, 대암산과 대우산, 향노봉과 건봉산

17 다음 중 금강산의 겨울명칭은?

① 봉래산   ② 송악산

③ 개골산   ④ 풍악산

> **TIP** 》 금강산은 기암괴석이 많고 곳곳에 폭포와 연못이 있어 경치가 뛰어나게 아름답다. 계절에 따라 그 이름을 다르게 부르는데 봄에는 금강석처럼 아름답다고 하여 금강산이라 부르고 여름에는 계곡과 봉우리에 짙은 녹음이 깔린 신록의 경치를 볼 수 있어 봉래산이라 부른다. 가을에는 산이 붉게 불탄다 하여 풍악산이라고 부르며 겨울에는 나무들이 나뭇잎이 다 떨어져 금강산의 바위가 드러난다 하여 개골산이라 부른다. 개골산은 눈 덮인 산이라는 의미의 설봉산이라고도 한다.

18 다음 중 세계 5대 갯벌에 포함되지 않는 곳은?

① 유럽 북부 연안

② 캐나다 동부 연안

③ 한국의 서해안

④ 이탈리아의 서해안

> **TIP** 》 세계 5대 갯벌 … 한국의 서해안, 독일의 북부 연안, 브라질의 아마존 강 유역, 미국의 동부 해안, 캐나다의 동부 해안

ANSWER 〉 13.③ 14.② 15.④ 16.④ 17.③ 18.④

1 인간의 순연한 본성이 곧 진리라는 뜻으로, 양명학의 핵심을 표현한 말은?

① 도참사상　　　　　　　　　　② 심즉리
③ 격물치지　　　　　　　　　　④ 음양오행설

> **TIP 》** ① 도참사상(圖讖思想) : 미래에 길흉에 관한 예언을 근거로 정치사상 등을 전개하고자 하는 믿음이다.
> ② 심즉리(心卽理) : 성리학의 성즉리에 대응하여 양명학의 사상을 표현한 말로 육상산과 왕양명이 공동으로 주장한 이론이다. '心'을 곧 '천리(天理)'와 동일시하는 것으로 인간의 순연한 본심이 진리라는 의미이다.
> ③ 격물치지(格物致知) : 주자(朱子)에 따르면 사물의 이치를 연구하여 후천적인 지식을 명확히 할 것을 의미하며 왕양명(王陽明)의 관점에서는 사물에 존재하는 마음을 바로잡고 선천적인 양지(良知)를 갈고 닦음을 의미한다.
> ④ 음양오행설(陰陽五行說) : 우주나 인간 사회의 모든 현상을 음 · 양 두 원리의 소장(消長)으로 설명하는 음양설과, 만물의 생성소멸(生成消滅)을 목(木) · 화(火) · 토(土) · 금(金) · 수(水)의 변천으로 설명하는 오행설을 함께 일컫는다.

2 송(宋) 왕안석이 실시한 신법(新法) 중 실업자 구제를 목적으로 한 것은?

① 청묘법　　　　　　　　　　② 보마법
③ 모역법　　　　　　　　　　④ 시역법

> **TIP 》** ① 청묘법(靑苗法) : 농민을 위한 정책으로 봄에 저리로 자금을 빌려주고 가을에 돈이나 현물로 반환하게 하였다.
> ② 보마법(保馬法) : 말을 보갑조직이 사육토록 하여 평소에는 농사에 이용하고 전시에는 병마로 이용했다.
> ④ 시역법(市易法) : 소상인을 위한 정책으로 구매력이 낮은 제품을 담보로 하여 저리로 자금을 빌려주었다.

3 영국 산업혁명의 결과가 아닌 것은?

① 차티스트운동　　　　　　　　② 인클로저운동
③ 선거법 개정　　　　　　　　　④ 러다이트운동

> **TIP 》** ② 인클로저운동(enclosure) : 개방경지나 공유지 · 황무지 · 방목지를 울타리나 담을 둘러놓고 사유지임을 명시한 일 또는 그 추진운동을 뜻한다. 대체로 16세기 제1차 인클로저운동과 18~19세기의 제2차 인클로저운동으로 구분된다. 이 운동의 결과, 영국에서는 지주 · 농업자본가 · 농업노동자의 3분제를 기초로 하여 자본제적 대농경영이 성립됐다. 이로 인해 자본의 '본원적 축적'이 가능해져 산업혁명의 원인이 되었다.

4 다음에서 십자군원정의 영향이 아닌 것은?

① 교황권이 한층 강대해졌다.

② 동방국가와의 접촉으로 서구문화의 발달을 가져왔다.

③ 도시가 일어나고 원거리 상업이 발달하였다.

④ 봉건제후 몰락의 원인이 되었다.

> **TIP》** 십자군원정의 영향으로는 동방과의 교통 · 무역 발달, 자유도시 발생, 봉건제 붕괴, 견문확대로 인한 새로운 문화 발전, 교황권의 약화 등이 있다.

5 다음 중 백년전쟁과 아무런 관련이 없는 것은?

① 영 · 프 간의 영토전쟁   ② 콘스탄티노플

③ 잔 다르크   ④ 1339~1453년

> **TIP》** 백년전쟁은 프랑스 왕위계승과 영토문제를 둘러싸고 영국과 프랑스 사이에 일어난 전쟁으로, 1339~1453년에 걸친 약 100년간 지속되었다. 잔 다르크의 활약으로 프랑스가 승리하였다.

6 노자의 사상으로 옳은 것은?

① 물아일체   ② 정혜쌍수

③ 극기복례   ④ 무위자연

> **TIP》** 노자(老子) … 중국 고대의 사상가이며 도가(道家)의 시조이다. 노자는 인의(仁義) 등과 같이 도덕이나 지혜에 의하여 인위적으로 만들어진 것을 버린 무위자연(無爲自然)의 상태를 이상적이라고 보고 무위무욕(無爲無欲)의 삶을 추구하고자 한다.
> ① 물아일체(物我一體) : 외물(外物)과 자아 또는 물질계와 정신계가 어울려 하나가 되는 것을 이른다.
> ② 정혜쌍수(定慧雙修) : 조계종의 개창자인 지눌이 주장한 불교신앙의 개념으로, 선정(禪定)의 상태인 '정'과 사물의 본질을 파악하는 지혜인 '혜'를 함께 닦아 수행하자는 의미이다.
> ③ 극기복례(克己復禮) : 이기심을 버리고 예(禮)를 따르는 것으로 극기는 개인의 사리사욕을 억제하고 소아주의(小我主義)를 지향하는 것이고, 복례는 사회규범을 따르고 대아주의(大我主義)를 지향하는 것을 말한다.

ANSWER 》 1.② 2.③ 3.② 4.① 5.② 6.④

7 다음 중 지식과 행동의 통일을 주창한 철학은?

① 주자학   ② 성리학

③ 양명학   ④ 실학

TIP 》 ①② 성명(性命)과 이기(理氣)의 관계를 논한 유교철학으로, 공자의 학설과 불교와 도교의 사상을 섞어 인생의 원리, 인심과 천리와의 관계를 논한 학문이다.

③ 유학의 실천성을 회복하고자 제창한 학문으로 심즉리(心卽理), 치양지(致良知), 지행합일(知行合一)을 주장하였다. 격물(格物)·치지(致知)·성의(誠意)·正心(정심) 등에 대한 새로운 해석을 바탕으로 하고 있다.

④ 조선후기에 나타난 근대 지향적이고 실증적인 학문으로 성리학의 형이상학적 공리공론을 문제 삼고 유학 본래의 학문의 기능을 회복하려는 학문이다.

8 철학자 베이컨이 강조한 지식은 무엇인가?

① 이성적 지식   ② 전통적 지식

③ 과학적 지식   ④ 경험적 지식

TIP 》 프랜시스 베이컨(Francis Bacon)은 르네상스 이후의 영국 고전경험론의 창시자이다. 그는 학문을 역사·시학·철학으로 구분하고 다시 철학을 신학과 자연철학으로 나누었는데, 그의 최대의 관심은 자연철학 분야에 있었고 자연과학적 귀납법과 경험적 지식을 강조하였다.

9 다음 중 음양오행에서 오재(五材)에 속하지 않는 것은?

① 水, 木   ② 火, 土

③ 日, 月   ④ 金, 土

TIP 》 음양오행설의 '오재(五材)'는 목(木)·화(火)·토(土)·금(金)·수(水)의 다섯 가지이다.

10 다음에서 실용주의에 대한 설명이 아닌 것은?

① 프래그머티즘은 유용성과 진리성을 동일시하기 때문에 일상적인 욕구를 만족시키는 것을 추구한다.

② 실제로 나타날 것이라고 기대되는 결과로, 어떤 결과를 개념의 대상이 가지고 있다고 생각하는가를 고찰한다.

③ 어떤 관념의 참·거짓 여부를 따질 때에는 생각이나 말만 가지고 논할 것이 아니라 실제적인 결과에 따라 판정해야 한다.

④ 낡은 진리를 새로운 진리로 창조해 나가자는 개선주의적 관점이다.

TIP 》 **실용주의**(pragmatism) … 현대 미국의 대표 철학으로 인간의 관념·사상·지식은 생활의 도구로 실용성이 있을 때만 가치를 가진다고 생각하여 가치나 진리의 기준을 실제 생활에 두고자 하는 경향이다. C.S. 퍼스에 의해 제창되어 19세기 말에 듀이에 의해 발전되었다.

11 다음 중 홍익인간의 이념으로 볼 수 없는 것은?

① 인본주의   ② 평등주의

③ 개인주의   ④ 이타주의

TIP 》 **홍익인간**(弘益人間) … 널리 인간을 이롭게 한다는 뜻으로, 우리나라의 건국이념이다. 안으로는 민본사상과 통하고, 밖으로는 세계 인류애와 통하는 것으로 인본주의, 대승주의, 평등주의, 이타주의 등과 관련 있다.

12 다음 중 우물에 빠진 아이를 보고 무조건 구하고자 하는 마음이 인간의 본성 중에 있다고 주장한 사람은 누구인가?

① 순자   ② 묵자

③ 한비자   ④ 맹자

TIP 》 맹자는 사람은 모두 남에게 차마 어찌하지 못하는 착한 마음인 양심(不忍之心)을 가지고 있으며, 이는 사단(四端)을 통해 드러난다고 하였다. 사단은 측은지심(인), 수오지심(의), 사양지심(예), 시비지심(지)이며 제시된 상황은 측은지심의 예이다.

13 미국 대학에서 시행하는 소수 인종들을 배려한 인종 간 차등 합격기준으로, 우수한 아시아인들에게는 불리하게 작용하지만 평등이라는 관점에서 점점 확대되는 경향을 보이는 입시제도는?

① 디아스포라　　　　　　　　　　② 어퍼머티브 액션

③ 홀로코스트　　　　　　　　　　④ 서킷브레이커

> **TIP 》** ① 디아스포라(diaspora) : 이산(離散)이라는 뜻으로 로마제국으로부터 박해를 받던 유대인들이 일으킨 유대전쟁에서 패하여 세계 각지로 흩어진 것을 말한다.
> ② 어퍼머티브 액션(affirmative action) : 대학 입학심사에서 소수 인종들을 우대하는 정책으로, 취업과 승진, 정부조달 시장 등 모든 사회활동분야에서 소수 인종, 여성, 장애인, 비기독교인, 성적소수자 등을 우대하는 포괄적인 의미로 사용되기도 한다.
> ③ 홀로코스트(holocaust) : '완전히 타버리다'라는 뜻의 희랍어인 'holokauston'에서 온 말로, 일반적으로 인간이나 동물을 대량으로 태워 죽이거나 학살하는 행위를 지칭하지만 고유명사로 쓸 때는 제2차 세계대전 중 나치스 독일에 의해 자행된 유대인 대학살을 가리킨다.
> ④ 서킷브레이커(circuit breakers) : 전기 회로에서 서킷브레이커(회로차단기)가 과열된 회로를 차단하는 역할을 하듯, 주식시장에서 주가가 갑자기 급락하는 경우 미치는 충격을 완화하기 위하여 주식매매를 일시 정지하는 '주식거래 중단제도'를 말한다.

14 이미 증명된 하나 또는 둘 이상의 명제를 전제로 하여 새로운 명제를 이끌어내는 철학적 사고방식을 무엇이라 하는가?

① 연역법　　　　　　　　　　　　② 귀납법

③ 변증법　　　　　　　　　　　　④ 통계법

> **TIP 》** ② 귀납법 : 개별적인 사실이나 특수한 원리로부터 그러한 사례들을 포괄할 수 있는 확장된 일반적 명제를 이끌어 내는 방법
> ③ 변증법 : 동일률을 근본원리로 하는 형식논리에 대하여, 모순 또는 대립을 근본원리로 하여 사물의 운동을 설명하려는 논리

15 世俗五戒에 해당하지 않는 것은?

① 臨戰無退　　　　　　　　　　　② 君臣有義

③ 交友以信　　　　　　　　　　　④ 事親以孝

> **TIP 》** 세속오계(世俗五戒) … 신라 진평왕 때 원광법사가 화랑에게 일러준 다섯 가지 계명으로, 사군이충(事君以忠), 사친이효(事親以孝), 교우이신(交友以信), 임전무퇴(臨戰無退), 살생유택(殺生有擇)을 말한다.

16 '돈오점수(頓悟漸修)'의 정의는?

① 깨달음의 경지는 수행과 상관없이 갑자기 찾아온다는 불교용어

② 깨달음의 경지는 수행과 반비례한다는 불교용어

③ 갑자기 깨달음에 이르는 해탈의 경지를 지칭하는 불교용어

④ 깨달음의 경지는 수행이 동반되어야 한다는 불교용어

> **TIP** 》 돈오점수(頓悟漸修) ··· 문득 깨달음에 이르는 경지인 돈오(頓悟)에 이르기까지에는 반드시 점진적 수행단계가 따른다는 불교용어이다.

17 데카르트가 '나는 존재한다'를 증명하기 위해 사용한 방법은?

> '내가 존재한다'라고 믿는 것은 실제로 나는 존재하지 않는데 악마가 '나는 존재한다'라고 믿도록 우릴 속이기 때문이다. 그러나 내가 악마에게 속기 위해선 '악마에게 속은 나'가 있어야 한다. 그렇다면 '악마에게 속은 나'가 있다는 것은 '내가 존재한다'는 의미이다. 따라서 나는 존재한다.

① 귀납법   ② 귀류법

③ 연역법   ④ 비논증

> **TIP** 》 데카르트는 「방법서설」에서 '나는 생각한다. 고로 나는 존재한다(cogito ergo sum)'라는 기본 원리로 수학적 연역법을 체계화하였다.

18 영국의 경험론 철학자 베이컨이 구분한 4개의 우상 가운데 개인적인 취미, 성격, 환경에서 오는 편견을 가리키는 것은?

① 종족의 우상   ② 동굴의 우상

③ 시장의 우상   ④ 극장의 우상

> **TIP** 》 ① 모든 사물을 인간 본위로 해석하고 인간 중심으로 유추하려는 본성에서 비롯되는 선입견이다.
> ③ 언어를 잘못 사용하거나 그 참뜻을 잘못 이해하는 데서 오는 선입견이다.
> ④ 잘못된 원칙·학설·전통·유행 등을 무비판적으로 수용하고 신뢰하는 데서 오는 선입견이다.

ANSWER 》 13.② 14.① 15.② 16.④ 17.③ 18.②

19 다음 중 이슬람세계의 가장 중요한 정치 및 사회운동의 정파로 이슬람교의 경전인 코란보다 왕권과 신의 결합개념인 '이맘'의 권위가 우선한다고 여기는 분파는?

① 수니파(Sunni) ② 와하브파(Wahhab)
③ 무타질라파(Mutazila) ④ 시아파(Shia)

> **TIP** 》 ④ 시아파(Shia)는 이슬람교의 2대 종파의 하나로 이단파라고도 한다. 시아는 '당파'의 뜻이다. 마호메트가 죽은 후 후계자의 한 사람인 알리와 그 자손을 이맘(지도자)으로 모셨는데, 그 절대성이 강조되어 이맘을 숭배하는 사람은 모든 죄가 용서되는 등 마호메트 이상으로 숭배되어 이맘의 언행은 코란에 우선되기까지 하였다.

20 다음 중 도리·이성·논리가 일체를 지배한다는 세계관과 관련이 있는 것은?

① 실존주의 ② 합리주의
③ 공리주의 ④ 주지주의

> **TIP** 》 ② 합리주의는 참된 지식은 나면서부터 지니고 있는 이성에 의해서만 얻을 수 있다고 주장한다. 비합리와 우연적인 것을 배척하고 도리와 이성과 논리가 일체한다는 세계관을 가지고 있다.

21 다음 중 기독교 역사에 대한 설명으로 옳지 않은 것은?

① 루터는 예정설에서 인간의 주관적인 신앙의 중요성을 강조하였다.
② 베버는 카리스마의 개념과 신교의 윤리로 기독교가 자본주의 사회발전의 원동력이 될 수 있음을 입증하고자 했다.
③ 구티에레스 신부는 전후 남미 해방신학의 중심적 역할을 하였다.
④ 1960년대 초 제2차 바티칸 공의회에서 역사적이고 진화적인 세계관이 신학에 도입되었다.

> **TIP** 》 ① 예정설은 칼뱅(Calvin)이 주장하였다.

22 틱낫한 스님에 대한 설명으로 바르지 못한 것은?

① 평화를 노래하는 살아 있는 부처로 불린다.

② '참여불교'의 주창자이다.

③ 불교의 전통을 강조하고 정신적 수양을 중시하였다.

④ 불교의 명상법을 일상생활과 접목해 쉽게 풀어 쓴 저서들을 출간했다.

> **TIP 》** 틱낫한(Thich Nhat Hanh) … 베트남 출신의 승려로 명상가이자 시인으로 활약했다. 불교사
> 상의 사회적 실천을 강조해 '참여불교의 주창자', '인류의 영적스승', '평화를 노래하는 살아
> 있는 부처' 등 여러 별칭으로 불린다. 불교의 명상법을 일상생활에 접목하고자 하였으며,
> 대표 저서로 「틱낫한의 평화로움」, 「화」, 「우리가 머무는 세상」 등이 있다.

23 다음 중 마르크스의 사적 유물론에 의해 사회를 상부구조와 하부구조로 나누었을 때 하부구
조에 해당하는 것은?

① 정치   ② 예술

③ 경제   ④ 종교

> **TIP 》** 정치, 법률, 사상, 예술, 관념 등과 같은 상부구조(이데올로기)는 그 사회의 경제적 · 물질
> 적 생산과정이 어떻게 이루어지는가에 영향을 받아 형성된다.

24 다음 중 현대의 대표적인 사조와 그 사상가를 잘못 연결한 것은?

① 실증주의 – 콩트(Comte)

② 생의 철학 – 하이데거(Heideger)

③ 실존주의 – 야스퍼스(Jaspers)

④ 공리주의 – 밀(Mill)

> **TIP 》** ② 생의 철학은 계몽철학의 주지주의와 헤겔의 이성적 관점을 비판하고, 비합리적이고 충동적
> 인 삶을 중시한 철학사조로 대표적 사상가는 쇼펜하우어, 니체 등이 있다. 하이데거는 실존주
> 의자이다.

ANSWER 〉 19.④ 20.② 21.① 22.③ 23.③ 24.②

25 다음 중 종교의 기본 요건으로만 짝지어진 것은?

① 제사적 기능 – 질서유지 기능

② 제사적 기능 – 예언자적 기능

③ 질서유지 기능 – 역기능

④ 예언자적 기능 – 질서유지 기능

TIP 》 종교는 기본적으로 숭상의 대상에 대한 믿음을 주고 내세의 행복한 삶에 대한 믿음을 주는 제사적 기능과 삶에 도덕적인 목적을 부여하는 예언자적 기능의 순기능을 한다.

26 다음 중 3불 정책에 해당하지 않는 것은?

① 본고사

② 고교등급제

③ 수능시험제

④ 기여입학제

TIP 》 3불 정책은 1999년에 도입된 대한민국의 대학 입시제도 및 공교육 제도의 근간을 형성하는 교육 정책으로, '고교등급제', '기여입학제', '본고사'의 3가지를 금지하는 것을 말한다.

27 19세기 페스탈로치(J.H. Pestalozzi)는 인간의 고유한 능력을 3H로 보고 이 셋을 조화롭게 발전시키는 것이 교육의 이상이라고 보았다. 3H에 해당되지 않는 것은?

① Head(지력)

② Heart(정신력)

③ Hand(기술력)

④ Health(체력)

TIP 》 3H는 Head(知) · Heart(情) · Hand(技)를 말하며, 페스탈로치는 이 3H가 조화롭게 구비된 인간을 양성하는 것이 교육의 목표라고 하였다.

28 조건자극을 무조건자극과 결합시켜 조건반응이 일어나도록 하는 조건반응설을 주장하는 학자는?

① 블룸   ② 매슬로

③ 파블로프   ④ 피아제

TIP 》 **조건반응설** … 파블로프(I.P. Pavlov)의 주장으로 파블로프식 조건형성에서 무조건자극, 무조건반응, 조건자극, 조건반응 등의 기본요소로 개의 조건자극의 학습을 통해 무조건자극시에도 조건반응을 일으킬 수 있다고 하였다.

29 다음 중 NIE이란?

① 신문활용교육   ② 신(新)국제기업

③ 국제기업 간 네트워크   ④ 신(新)국제오락문화

TIP 》 NIE(newspaper in education) … 신문을 교재나 보조교재로 활용한 교육을 말한다.

30 이솝우화에 나오는 여우가 나무에 포도가 매우 높이 달려 있어 따먹을 수 없게 되자, "저 포도는 너무 시다. 그래서 나는 먹고 싶지도 않다."라고 말하는 것은 심리학적으로 어떤 행동기제에 속하는가?

① 투사(projection)   ② 합리화(rationalization)

③ 전위(displacement)   ④ 동일시(identification)

TIP 》 ② 용납될 수 없는 자신의 행동의 동기를 무의식적으로 위장하여 합리적으로 설명함으로써 자아를 보호하고 사회적 승인을 얻으려는 것을 합리화라 한다.

ANSWER 〉 25.②   26.③   27.④   28.③   29.①   30.②

31 교육의 효과에 대한 설명 중 관점이 다른 하나는?

① 숙명론 ② 교육불가능설
③ 환경만능설 ④ 쇼펜하우어

> **TIP**》 ①② 인간의 능력은 선천적으로 정해져 있기 때문에 교육은 이를 구현시켜 주는 일에 불과
> 하다고 주장하는 교육부정설과 관련된 개념이다.
> ③ 교육의 효과를 긍정하는 학설로서 인간의 능력을 결정하는 것은 후천적 환경 또는 교육
> 의 작용이라고 보며, 소질까지도 환경의 힘으로 변화시킬 수 있다고 주장한다.
> ④ 교육부정설을 주장하는 대표자로서 "사람이란 소질이 지배하는 것이며, 미래의 발전도 소질
> 에 의해서 결정된다."고 주장하였다.

32 입사시험의 결과 상식시험점수의 표준편차가 다른 과목보다 작게 나왔다. 무엇을 의미 하는가?

① 수험생들의 상식시험성적이 다른 과목보다 고르다.

② 상식시험문제가 다른 과목보다 어렵게 출제되었다.

③ 수험생들의 상식시험성적이 다른 과목보다 고르지 않다.

④ 상식시험문제가 다른 과목보다 쉽게 출제되었다.

> **TIP**》 표준편차란 통계집단의 분배정도를 나타내는 수치이다. 따라서 표준편차가 0일 때는 관측
> 값의 모두가 동일한 크기이고, 표준편차가 클수록 관측 값 중에 평균에서 떨어진 값이 많
> 이 존재한다는 의미이다.

1 의미가 유사한 사자성어끼리 연결된 것이 아닌 것은?

① 井底之蛙 – 坐井觀天
② 累卵之勢 – 百尺竿頭
③ 謝恩肅拜 – 昏定晨省
④ 魚魯不辨 – 一字無識

> **TIP** 》 ① 정저지와(井底之蛙) : 우물 밑의 개구리로, 소견이나 견문이 몹시 좁은 것을 의미한다.
>   좌정관천(坐井觀天) : 우물 속에 앉아 하늘을 쳐다본다는 뜻으로, 견문이 몹시 좁거나 세상물정을 너무 모름을 의미한다.
> ② 누란지세(累卵之勢) : 포개어 놓은 알의 형세라는 뜻으로, 몹시 위험한 형세를 의미한다.
>   백척간두(百尺竿頭) : 백 자나 되는 높은 장대 위에 올라섰다는 뜻으로, 위태로움이 극도에 달함을 의미한다.
> ③ 사은숙배(謝恩肅拜) : 임금의 은혜에 대하여 감사히 여겨 공손하게 절함을 의미한다.
>   혼정신성(昏定晨省) : 저녁에는 잠자리를 보아 드리고, 아침에는 문안을 드린다는 뜻으로, 자식이 조석으로 부모의 안부를 여쭈어 살핌을 의미한다.
> ④ 어로불변(魚魯不辨) : 어(魚)자와 노(魯)자를 구별하지 못한다는 뜻으로, 몹시 무식함을 의미한다.
>   일자무식(一字無識) : 한 글자도 알지 못함으로, 몹시 무식함을 의미한다.

2 다음 중 '노스텔지어의 손수건'과 유사한 사자성어는?

① 馬耳東風
② 首丘初心
③ 肝膽相照
④ 康衢煙月

> **TIP** 》 유치환의 시 「깃발」에 나오는 노스탤지어의 손수건은 깃발을 의미하는 것으로 이상향에 대한 동경과 향수 · 좌절을 의미한다.
> ① 馬耳東風(마이동풍)은 남의 말을 귀담아 듣지 않고 흘려버리는 것을 말한다.
> ② 首丘初心(수구초심)은 여우가 죽을 때에 머리를 자기가 살던 굴 쪽으로 바르게 하고 죽는다는 말로, 고향을 그리워하는 마음을 비유한 것이다.
> ③ 肝膽相照(간담상조)는 서로가 마음속을 툭 털어놓고 숨김없이 친하게 사귄다는 뜻이다.
> ④ 康衢煙月(강구연월)은 번화한 거리에서 달빛이 연무에 은은하게 비치는 모습을 형용하는 말로서 태평성대의 평화로운 풍경을 나타내는 사자성어이다.

ANSWER 〉 31.③ 32.① / 1.③ 2.②

3 다음 중 옳지 않은 문장은?

① 나는 손가락으로 하늘을 가리켰다.

② 선배들의 의견을 좇기로 했다.

③ 이 공원에는 살진 비둘기가 많다.

④ 이 방은 위풍이 세서 겨울을 나기에 좋지 않다.

　　TIP 》 ④ 위풍→웃풍 : 겨울철 방 안의 천장이나 벽 사이로 스며들어 오는 찬 기운

4 다음을 한자로 쓸 때, (　　) 안에 들어갈 한자로 알맞은 것은?

> 내정간섭 : 內政(　　)涉

① 間　　　　　　　　　　　② 干

③ 簡　　　　　　　　　　　④ 竿

　　TIP 》 '범하다, 간여하다'의 뜻으로 쓸 때는 '干'을 사용하는 것이 적절하다.
　　　　① 사이 간　③ 대쪽 간　④ 장대 간

5 다음 중 殺이 다르게 발음되는 것은?

① 殺傷　　　　　　　　　　② 殺到

③ 殺菌　　　　　　　　　　④ 殺氣

⑤ 殺生

　　TIP 》 殺傷(살상), 殺菌(살균), 殺氣(살기), 殺生(살생)에서는 죽인다는 의미이고, 殺到(쇄도)에서는
　　　　빠르다는 의미이다.

6 다음 중 밑줄 친 어휘가 적절하게 사용되지 않은 것은?

① 단체나 법인의 후원금을 금지하는 취지는 불법 자금을 둘러싼 정경<u>유착</u>을 막아내자는 것이지, 힘없는 약자들의 순수한 정치참여를 막자는 게 아니다.

② 정부와 공기업 등 각계에 국익을 외면하고 20여 년 간 외국 원전업체 이익을 대변하는 정책을 펴온 <u>비호</u>세력이 포진해있다는 주장이 제기됐다.

③ 여성학은 여성문제의 현상이나 그 원인 또는 구조적 특질 등을 이론적으로 <u>분해</u>하고 그 해결 전망을 모색하는 한문이다.

④ 우리는 생각만은 분명히 있지만 말을 잊어서 표현에 <u>곤란</u>을 느끼는 경우를 경험하기도 한다.

> **TIP** 》 ① 유착 : 사물들이 서로 깊은 관계를 가지고 결합하여 있음
> ② 비호 : 편들어서 감싸 주고 보호함
> ③ 분해 : 여러 부분이 결합되어 이루어진 것을 그 낱낱으로 나눔 → 해명 : 까닭이나 내용을 풀어서 밝힘
> ④ 곤란 : 사정이 몹시 딱하고 어려움

7 다음 중 한자 성어와 그 뜻의 연결이 바르지 못한 것은?

① 權謀術數 – 목적 달성을 위해서는 인정이나 도덕을 가리지 않고 권세와 모략중상 등 갖은 방법과 수단을 쓰는 술책

② 九折羊腸 – 아홉 번 꺾어진 양의 창자라는 뜻으로, 꼬불꼬불한 험한 길, 세상이 복잡하여 살아가기 어렵다는 말

③ 臥薪嘗膽 – 섶에 누워 쓸개를 씹는다는 뜻으로, 원수를 갚으려고 온갖 괴로움을 참고 견딤을 이르는 말

④ 犬馬之勞 – 개나 말이 하는 일없이 나이만 더하듯이, 아무 하는 일없이 나이만 먹는 일, 자기 나이를 겸손하게 이르는 말

> **TIP** 》 ④ 견마지로(犬馬之勞) : 개나 말의 하찮은 힘이라는 뜻으로, 임금이나 나라에 충성을 다하는 노력 또는 윗사람에게 바치는 자기의 노력을 낮추어 말할 때 쓰는 말

ANSWER 》 3.④ 4.② 5.② 6.③ 7.④

8 24절기 중 나타내는 계절이 다른 하나는?

① 雨水 ② 驚蟄

③ 淸明 ④ 霜降

> **TIP 》** ④ 상강(霜降)은 가을을 나타내고, 나머지는 봄을 의미한다.
>
> ※ 계절을 나타내는 한자
>
> ㉠ 봄(春) : 입춘(立春), 우수(雨水), 경칩(驚蟄), 춘분(春分), 청명(淸明), 곡우(穀雨)
>
> ㉡ 여름(夏) : 입하(立夏), 소만(小滿), 망종(芒種), 하지(夏至), 소서(小暑), 대서(大暑)
>
> ㉢ 가을(秋) : 입추(立秋), 처서(處暑), 백로(白露), 추분(秋分), 한로(寒露), 상강(霜降)
>
> ㉣ 겨울(冬) : 입동(立冬), 소설(小雪), 대설(大雪), 동지(冬至), 소한(小寒), 대한(大寒)

9 다음 괄호 안에 들어갈 한자 성어로 적절한 것은?

> 김대중 정부에서 추진한 대북정책인 햇볕정책은 이론상으로 매우 훌륭해 보였다. 하지만 지금에 와서 볼 때 실패한 정책이라는 의견들이 등장하고 있다. 햇볕정책을 펴는 동안에도 일시적으로 불안감이 줄어들었을 뿐 긴장이 놓을 때 즈음이면 남한에 대한 도발을 해 오곤 했다. 또한 이 과정에서 북한은 돈, 물자, 식량 등 남한의 지원을 받으면서도 북한 주민들의 생활 개선이나 통일 문제에 대해서는 소홀한 모습을 보였다. 일부 친북주의자들은 북한 정권을 변하지 않는 상수(常數)로 규정하면서, 남한이 그에 맞춰 대응해야 한다고 말한다. 그러면서도 햇볕정책으로는 북한이 바뀔 것이라고 주장하는 것은 (   )이다.

① 語不成說 ② 大器晩成

③ 附和雷同 ④ 脣亡齒寒

> **TIP 》** ① 북한 정권을 변하지 않은 상수로 규정하면서 햇볕정책으로는 바꿀 수 있다고 주장하는 것은 모순이다. 따라서 말이 이치에 맞지 않는다는 의미의 '語不成說(어불성설)'이 적절하다.
>
> ② 大器晩成(대기만성) : 큰 그릇은 만드는 데는 시간이 걸린다는 말로, 큰 사람이 되기 위해서는 많은 노력과 시간이 필요하다는 의미
>
> ③ 附和雷同(부화뇌동) : 우레 소리에 맞추어 천지 만물이 함께 울린다는 말로, 줏대 없이 남의 의견에 동조한다는 의미
>
> ④ 脣亡齒寒(순망치한) : 입술을 잃으면 이가 시리다는 말로, 가까운 사이의 한쪽이 망하면 다른 한쪽도 그 영향을 받아 온전하기 어렵다는 의미

10 다음 중 한자의 구성과 짜임이 다른 것은?

① 樂山   ② 治國

③ 修身   ④ 歸家

> **TIP »** ① 요산 : 목술 관계(산을 좋아한다)
> ② 치국 : 술목 관계(나라를 다스린다)
> ③ 수신 : 목술 관계(몸을 다스리다)
> ④ 귀가 : 술보 관계(집에 돌아가다)

11 신문기사의 일부분이다. 괄호에 알맞은 말은?

> 2011년 신묘년, 희망을 담은 한자 성어로 (　　) 뽑혀 교수들은 2011년 희망을 담은 한자 성어로 (　　)을 뽑았다. 교수 신문은 지난달 전국 대학교수 212명을 대상으로 새해 희망의 한자 성어에 대한 설문조사를 한 결과, 전체의 39%가 (　　)을 택했다고 밝혔다. (　　)이란 「맹자」 진심 편에 나오는 말로 '백성이 존귀하고 사직은 그 다음이며 임금은 가볍다.'고 한 데서 유래되었다. 강진호 서울대 교수는 "이명박 정부가 임기 후반으로 갈수록 공약했던 주요정책을 실현하기 위해 조급해 할 가능성이 높다."며 "그럴수록 (　　)의 뜻을 되새겨 국민들이 피해보는 일이 없도록 노력해야 한다."고 밝혔다. 또한 (　　)에 이어 한마음을 가지면 큰 의미의 대화합을 이룰 수 있다는 뜻의 '보합대화(保合大和)'가 2위에 올랐다.

① 조민유화(兆民有和)   ② 민귀군경(民貴君輕)

③ 준조절충(樽俎折衝)   ④ 장수선무(長袖善舞)

> **TIP »** ① 조민유화(兆民有和) : 국민의 화합과 나아가 인류의 화합을 지향한다는 의미이다.
> ② 민귀군경(民貴君輕) : 백성이 존귀하고 사직은 그 다음이며, 임금은 가볍다는 의미이다.
> ③ 준조절충(樽俎折衝) : 술자리에서 적의 창끝을 꺾는다는 말로, 평화로운 연회 자리에서 유리하게 외교활동을 벌인다는 의미이다.
> ④ 장수선무(長袖善舞) : 소매가 길면 춤을 잘 출 수 있다는 말로, 어떤 일을 함에 있어서 조건이 좋은 사람이 유리하다는 의미이다.

ANSWER 〉 8.④   9.①   10.④   11.②

12 다음 중 괄호 안에 들어갈 접속어로 알맞은 것은?

> 긴팔원숭이가 동료들을 불러 모으거나 위험을 알리기 위해 내는 특유의 외침소리와 꿀의 소재를 동료에게 알리는 소위 꿀벌의 춤과 같은 것은 동물에게도 의사전달 수단이 있음을 보여준다. (   ) 인간의 언어가 일정한 수의 음소가 결합된 형태소로 뜻을 나타 내고, 또 서로 다른 뜻을 나타내는 수천이 넘는 형태소를 지닌다는 특징을 다른 동물의 전달 수단에서는 찾아볼 수 없다. 이런 점에서 동물의 의사 전달 수단은 인간의 언어와 근본적으로 다르다고 할 수 있다.

① 그리고 　　　　　　　　　　② 그러나
③ 게다가 　　　　　　　　　　④ 예컨대

TIP 》 ② 앞부분에서는 동물의 의사전달 수단을 뒷부분에서는 인간 언어만의 고유성을 이야기하 고 있으므로 역접 관계를 나타내는 '그러나가 들어가야 한다.

13 다음 설명과 관련이 없는 동물은?

> • 거울로 삼아 본받을 만한 모범
> • 속세를 떠나 오로지 학문이나 예술에만 잠기는 경지. 프랑스의 시인이자 비평가인 생 트뵈브가 낭만파 시인 비니의 태도를 비평하며 쓴 데서 유래
> • 그다지 큰 소용은 없으나 버리기에는 아까운 것을 이르는 말

① 코끼리 　　　　　　　　　　② 닭
③ 원숭이 　　　　　　　　　　④ 거북이

TIP 》 ㉠ 귀감(龜鑑) : 거북등과 거울이라는 뜻으로 사물의 본보기를 말한다.
　　　㉡ 상아탑(象牙塔) : 코끼리 상, 어금니 아, 탑 탑으로 학자들의 현실도피적인 학구 생활을 말한다.
　　　㉢ 계륵 : 닭의 갈비라는 뜻으로 먹기에는 너무 맛이 없고 버리기에는 아까워 이러지도 저 러지도 못하는 형편을 말한다.

1 구매시점광고 · 판매시점광고라고도 하며 판매점 주변에 전개되는 광고와 디스플레이류 광고를 총칭하는 것은?

① 인포머티브 광고　　　　　　　② POP 광고

③ 시리즈 광고　　　　　　　　　④ 티저광고

> **TIP** 》 POP 광고(point of purchase advertisement) … 디스플레이류(類) 광고와 판매점 주변에 전개되는 광고의 총칭
> ① 상품의 특징 · 사용법 등을 상세하게 설명하여 상품에 대한 구체적 지식을 제공하는 광고방법이다.
> ③ 하나의 주제나 상품을 제재로 하여 전달 내용을 발전시켜 가면서 일정기간 연속하여 동일 신문이나 잡지에 순차적으로 게재하는 광고이다.
> ④ 광고의 대상자에게 호기심을 제공하면서 광고 메시지에 관심을 높임과 동시에 후속광고에 도입 구실도 하는 광고다.

2 상품명을 보여주지 않아 신비감을 조성하는 광고기법은?

① PPL　　　　　　　　　　　　② 티저광고

③ 네거티브광고　　　　　　　　④ 검색광고

> **TIP** 》 ① PPL(product placement) : 영화, 드라마 등에 자사의 특정 제품을 등장시켜 광고하는 방법
> ② 티저광고(teaser advertising) : 상품 자체는 감추고 호기심을 갖게 함으로써 상품에 대한 관심이나 지명도를 높이는 광고
> ③ 네거티브광고(negative advertisement) : 죽음, 성, 혐오동물, 범죄 등 부정적인 소재를 활용하는 광고
> ④ 검색광고(search advertisement) : 인터넷 검색사이트를 통해 광고하는 방법

3 다음 중 타블로이드신문의 의미는?

① 보통 신문 크기의 1/2인 작은 신문　　② 무료 배포 신문

③ 정기간행물　　　　　　　　　　　④ 전자신문

> **TIP** 》 타블로이드신문(tabloid paper) … 보통 신문의 2분의 1정도 크기의 소형신문을 가리킨다. 우리나라의 독립신문, 영국의 데일리 미러, 미국의 뉴욕 데일리뉴스가 대표적이다.

ANSWER 〉 12.② 13.③ / 1.② 2.② 3.①

4 우리나라 최초의 순 한글신문은?

① 제국신문   ② 한성순보

③ 황성신문   ④ 독립신문

TIP 》 ④ 독립신문은 1896년 4월 7일 서재필이 창간한 우리나라 최초의 순 한글신문이자 민간신문이다. 1957년 언론계는 이 신문의 창간일인 4월 7일을 신문의 날로 정하였다.

5 논설 형식의 광고를 의미하는 용어는?

① informercial   ② advertorial

③ advocacy advertising   ④ sizzle

TIP 》 ① informercial : 'information(정보)'와 'commercial(광고)'의 합성어로, 상품이나 점포에 관한 상세 정보를 제공해 소비자의 이해를 돕는 광고기법을 말한다.
② advertorial : 'advertisement(광고)'와 'editorial (편집기사)'의 합성어로, 논설 형식의 광고를 말한다. 신문 · 잡지에 기사형태로 실리는 PR광고로서, 일반대중과 관계가 있는 부분은 물론 어떤 기업에 관한 주장이나 식견 등을 소개한다.
③ advocacy advertising : 기업의 실태 등을 홍보하여 그 기업을 지지하도록 지원을 요청하는 기업과 소비자 사이에 신뢰관계 회복 광고를 말한다.
④ sizzle : 광고효과를 위해 그 제품의 핵심 포인트가 될 만한 소리를 활용하는 광고기법이다. 시즐은 고기를 구울 때 나는 소리인 지글지글의 서양식 표현으로, 소비자들이 정육점에서 쇠고기를 살 때 실상은 프라이팬에서 구워지는 모습을 연상하므로 광고에서는 구울 때 나는 소리를 키포인트로 해야 한다는 데서 개념화한 것이다.

6 다음 중 중국의 대표적인 통신사는?

① AP   ② NHK

③ 르 몽드   ④ 신화통신

TIP 》 ③ 르 몽드(le monde) : '세계'라는 뜻으로 프랑스 파리에서 간행되는 일간신문이다.
④ 신화통신 : 1929년 옌안에 창설된 중국공산당의 통신기관이며 중화인민공화국 수립 후 베이징에 이전하여 정식 국가기관이 되었다. 중국 내 언론 매체와 외국 언론사들의 지사에 정보를 제공한다.

7 다음 중 컬러텔레비전의 주사방식에 해당하지 않는 것은?

① SECAM식

② NTSC식

③ BPSK식

④ PAL식

> **TIP »** 컬러텔레비전 방송의 신호는 빨강, 초록, 파랑의 3원색 영상신호에 의해 구성된다. 현행 컬러텔레비전 방송에서는 컬러 방송 개시 이전부터 시행되고 있는 흑백방송의 전파 속에 흑백방송과의 양립성을 지니게 하면서 밝기와 색의 정보를 방송에 적합한 신호에 맞추어 송신하고 있다.
>
> ① SECAM(Sequential Couleur A Memoire) : 1958년 프랑스가 개발한 컬러TV 방송의 방식으로, 주사선은 819개이다. 이 방식은 2가지 색도신호를 NTSC 및 PAL방식의 경우와 같이 동시에 보내지 않고 연속적으로 보낸다는 것이 특징이다. 그러나 송신장치나 수상기의 회로가 복잡하고 시청범위가 좁으며, 흑백TV로는 전혀 시청할 수가 없는 단점이 있다. 프랑스·러시아·동유럽·아프리카의 일부 국가들이 채택하고 있다.
>
> ② NTSC(National Television System Committee Method) : 컬러TV 방송의 한 방식으로, 1954년 12월 미국에서 시작되었다. 미국 연방통신위원회(FCC)가 당초 3원색을 차례로 보내는 CBS방식을 채택했으나, 그 후 흑백TV와의 양립성이 있는 NTSC방식을 채택했다. NTSC방식은 흑백TV와의 양립성을 유지하기 위한 휘도신호에다 색 정보를 사람의 시각에 맞춰 교묘히 삽입, 전송하는 것으로 회로가 간단하다.
>
> ④ PAL(Phase Alternation Line) : 서독의 텔레푼켄사가 개발한 컬러TV 방송의 방식으로, 주사선은 625개이다. 이 방식은 전송의 뒤틀림이 없는 송신이 가능하며, 영국을 비롯한 서유럽·아시아·아프리카 등과 새로 컬러TV를 시도하는 국가들이 채택하고 있다.

8 신문·방송에 관련된 다음 용어 중 설명이 옳지 않은 것은?

① 커스텀 커뮤니케이션(custom communication) : 특정 소수의 사람들을 상대로 전달되는 통신체계

② 엠바고(embargo) : 기자회견이나 인터뷰의 경우 발언자의 이야기를 정보로서 참고할 뿐 기사화해서는 안 된다는 조건을 붙여하는 발표

③ 전파월경(spillover) : 방송위성의 전파가 대상지역을 넘어서 주변국까지 수신이 가능하게 되는 현상

④ 블랭킷 에어리어(blanket area) : 난시청지역

> **TIP »** ② 오프 더 레코드(off the record)에 대한 설명으로, 엠바고(embargo)는 일정한 시점까지의 보도를 금지하는 것으로 취재대상이 기자들을 상대로 보도 자제를 요청할 경우나, 기자들 간의 합의에 따라 일정 시점까지 보도를 자제하는 행위를 포함한다.

ANSWER 〉 4.④ 5.② 6.④ 7.③ 8.②

9 P2P의 특성에 대한 설명으로 옳은 것은?

① 웹상의 개인과 개인이 파일을 공유하는 것을 의미한다.

② 보안이 강한 특성을 지닌다.

③ 저작권 보호가 수월하다.

④ 중앙에서 별도의 저장과 관리가 필요하다.

> **TIP 》** P2P(peer to peer) … 인터넷에서 개인과 개인이 직접 연결되어 파일을 공유하는 것으로 모든 참여자가 공급자인 동시에 수요자가 되는 형태이며, 이용자의 저장장치를 공유만 시켜주기 때문에 중앙에서 따로 저장·관리할 필요가 없다.

10 다음 중 트리플 플레이 서비스가 가능한 것은?

① SKY ② DMB

③ PMP ④ MP3

> **TIP 》** 트리플 플레이 서비스(triple play service) … 단일 또는 다른 종류의 네트워크를 통해 인터넷 전화, 초고속 인터넷, 그리고 인터넷 TV 등 음성, 데이터, 방송 기반의 3가지 서비스를 동시에 제공하는 융합 서비스를 말한다.

11 다음 중 캐나다의 미디어 학자인 마셜 맥루한(M. Mcluhan)과 관련이 가장 적은 것은?

① 미디어는 메시지이다(media is massage).

② 지구촌(global village)

③ 문화제국주의(cultural imperialism)

④ 쿨미디어(cool media)와 핫미디어(hot media)

> **TIP 》** ③ 문화제국주의이론은 미국을 비롯한 몇몇 서방 강대국이 세계 정보시장을 독점하는 상태를 일컫는다. 이를 주장한 대표적인 학자는 쉴러(H. Schiller)이다.

1 기업이 문화예술이나 스포츠 등에 자금이나 시설을 지원뿐만 아니라 사회적, 인도적 차원에서 이루어지는 공익사업에 대한 지원활동을 일컫는 말은 무엇인가?

① 보보스(Bobos)
② 매칭그랜트(Matching Grant)
③ 스톡그랜트(Stock Grant)
④ 메세나(Mecenat)

> **TIP 》** 메세나(Mecenat)는 1967년 미국에서 기업예술후원회가 처음 이 용어를 사용했으며, 각국의 기업인들이 메세나협의회를 설립하면서 메세나는 기업인들의 각종지원 및 후원 활동을 통틀어 일컫는 말로 쓰인다.

2 요란하고 시끄러우면서도 극단적으로 과장되며 우스운 행위로 이루어진 익살극은?

① 컬트무비(cult movie)
② 인디즈(indies)
③ 슬랩스틱(slapstick)
④ 누보시네마(nouveaux cinema)

> **TIP 》** ① 일반영화와는 달리 상업 · 흥행성을 배제한 독립된 제작시스템과 파격적인 대사 · 구성 등을 특징으로 하는 영화이다.
> ② 독립영화의 약칭으로 대형 영화사에 의존하지 않고 작은 독립프로덕션이 제작한 영화이다.
> ④ 제2차 세계대전 직후 비판적 리얼리즘의 시각에서 제작된 영화이다.

3 포스트모더니즘(postmodernism)에 대한 설명으로 옳은 것은?

① 1960년대에 일어난 문화운동으로 모더니즘으로부터의 단절과 지속적인 성격을 동시에 지니고 있다.

② 제1차 세계대전 후의 근대주의로 독창성과 고상함을 중요시여기고 합리주의 · 기능주의와 연결되어 비교적 단순하고 증명력 있는 것을 추구했다.

③ 1920년대에 걸쳐 유럽의 여러 도시에서 일어난 반 예술운동으로 인간생활에 대한 항의 아래 전통적인 것을 부정하고 혼란과 무질서함을 그대로 표현하려는 과도기의 사상이다.

④ 제1차 세계대전 때부터 유럽에서 일어난 예술운동으로 기성관념을 부정하고 새로운 것을 이룩하려 했던 입체파, 표현주의 등을 통틀어 일컫는 말이다.

> **TIP 》** **포스트모더니즘** … 1960년대에 일어난 문화운동. 미국과 프랑스를 중심으로 사회운동, 전위예술, 해체, 후기 구조주의 사상으로 시작되어 오늘날에 이른다. 이질적인 요소를 서로 중첩하거나 과거의 작품에서 인용하는 등 절충주의적 경향을 보인다.
> ② 모더니즘(modernism) ③ 다다이즘(dadaism) ④ 아방가르드(avant-garde)

ANSWER 》 9.① 10.③ 11.③ / 1.④ 2.③ 3.①

4 다음 중 근대5종이 아닌 것은?

① 펜싱   ② 수영
③ 양궁   ④ 승마

> **TIP** 》 근대5종 … 펜싱, 수영, 승마, 복합(사격, 육상)경기 등 5가지 종목을 동일한 경기자가 출장
> 하여 각 종목별로 경기기록을 근대5종점수로 환산하여 그 총득점이 가장 높은 선수를 승자
> 로 하는 경기이다.

5 다음 중 클라리넷 3중주에 해당하는 것은?

① 클라리넷, 비올라, 첼로
② 피아노, 클라리넷, 첼로
③ 클라리넷, 호른, 피아노
④ 클라리넷, 바이올린, 첼로

> **TIP** 》 클라리넷 3중주 … 클라리넷, 피아노, 첼로

6 다음 중 추사 김정희의 작품인 것은?

① ② ③ ④

TIP 》 ① 김정희 세한도 ② 안견 몽유도원도 ③ 정선 금강전도 ④ 정선 인왕제색도

02 한국수력원자력 상식

1 원자력발전소에 대한 설명으로 옳지 않은 것은?

① 1978년에 4월 준공된 국내 최초의 우리나라 원자력발전소는 고리 1호기다.

② 국내 운전 중인 원자력발전소는 월성 1~4호기를 제외하고 모두 경수로이다.

③ 신한울 1호기는 현재 계속하여 운전 중이다.

④ 1983년 4월부터 상업운전에 들어간 월성 1호기의 설계수명은 30년이다.

> **TIP 》** 신한울원자력발전소는 2020년 준공을 목표로 공사 중에 있다.

2 다음 중 한국수력원자력에 대한 설명으로 옳은 것으로만 바르게 짝지어진 것은?

> ㉠ 2001년에 한전에서 분리된 주식회사이다.
> ㉡ 전력자원의 개발, 발전 및 이와 관련되는 사업만 수행이 가능하다.
> ㉢ 중·저준위 방사성폐기물 관련 사업을 진행 중에 있다.
> ㉣ 수력, 원자력 이외에 태양광 및 풍력 관련 사업도 함께 수행한다.

① ㉠㉢㉣   ② ㉠㉢

③ ㉡㉣   ④ ㉡㉢㉣

> **TIP 》** ㉡ 한국전력공사(KEPCO)에 대한 설명이다.

3 다음 중 방사성폐기물 처리방법에 대한 설명으로 옳은 것은?

① 고준위방사성폐기물은 폐기물로 간주된다.
② 고준위방사성폐기물은 원자력발전소에서 사용한 장갑, 작업법, 각종 교체부품, 관련 산업체, 병원, 연구기관에서 나오는 폐기물이다.
③ 방사능 준위에 따라 고준위, 중준위, 저준위 방사성폐기물로 구분할 수 있다.
④ 저준위 방사성폐기물 중에서 원자력발전소에서 발생하는 폐기물을 원전수거물이라고 하며 기체, 액체, 고체로 구분하는데 저장방법에는 차이가 없다.

> **TIP》** ① 고준위방사성폐기물은 핵연료로 사용하고 난 후의 핵연료와 이것의 재처리과정에서 나오는 폐기물로 95% 이상을 재활용할 수 있기 때문에 폐기물로 간주하지 않는다.
> ② 저준위방사성폐기물에 대한 설명이다.
> ④ 기체, 액체, 고체 등 그 형태에 따라 저장방법에 차이가 있다.

4 IAEA와 관계없는 것은?

① 원자력에 대한 정보교환을 촉진한다.
② 원자력의 평화적 이용을 추진한다.
③ 핵분열 물질이 군사목적에 사용되지 않도록 보장조치를 강구한다.
④ 1957년 발족되어 미국 워싱턴에 본부가 있다.

> **TIP》** ④ IAEA(International Atomic Energy Agency)의 본부는 오스트리아의 빈에 있다.

5 현재 우리나라에서 사용하고 있는 원자로는?

① 핵융합반응에서 나오는 에너지를 이용한다.
② 핵분열반응에서 나오는 에너지를 이용한다.
③ 가속시킨 입자를 사용하여 원자핵을 인공 변환시킬 때 나오는 에너지를 이용한다.
④ U-225의 핵에 고속의 중성자를 흡수시킴으로써 발생하는 에너지를 이용한다.

> **TIP》** 핵분열 연쇄반응을 서서히 진행시켜 그 에너지를 이용할 수 있도록 만든 장치로, 페르미(E. Fermi)가 최초로 고안했다. 우리나라에서 사용하고 있는 원자로는 대부분이 가압수로형이다.

ANSWER 〉 1.③ 2.① 3.③ 4.④ 5.②

6 극한기술(極限技術)에 대한 설명으로 바르지 못한 것은?

① 핵융합 · 초전도체 · 우주에서의 신소재개발 등에 폭넓게 이용된다.

② 현재는 항공 · 우주분야에만 쓰이고 있다.

③ 물리적 환경을 극한상태로 변화시켜 새로운 현상과 신물질을 창출해 내는 기술이다.

④ 초정밀 · 초고온 · 초고압 등의 기술을 의미한다.

> **TIP 》** 극한적인 환경을 발생시켜 응용하는 기술혁신으로 이것은 핵융합(초고온), 반도체(초정점), 신물질 창출(초고온, 초고압, 고진공) 등에 응용되고 있다.

7 에너지자원의 사용예상시간으로 옳지 않은 것은?

① 석유 – 약 40년

② 천연가스 – 약 60년

③ 우라늄 – 약 200년

④ 석탄 – 약 200년

> **TIP 》** 50년간 사용이 예상되고 재처리 시 최대 2300년까지 사용할 수 있다.

8 물속의 용존산소량이 클수록 하천의 자정작용은 어떻게 되는가?

① 약해진다.

② 강해진다.

③ 일정하다.

④ 강해지다가 약해진다.

> **TIP 》** 자정작용(自淨作用)은 유기물에 의해 오염된 물이 미생물에 의해 분해되어 스스로 깨끗해지는 현상을 말한다. 물속에 녹아있는 용존산소량(DO)이 클수록 유기물의 화학적 분해 활동이 활발해지기 때문에 자정작용은 점점 강해진다.

9 연안의 수자원을 오염의 위험으로부터 보호하기 위해 설정한 것이 오염제한구역(blue belt)이다. 우리나라의 블루벨트는 어디인가?

① 해운대 ② 경상북도 영덕
③ 한려수도 ④ 경포대

> **TIP** 》 블루벨트(blue belt)는 연안의 수자원을 오염의 위협으로부터 지킴으로써 수자원을 보호하려고 설정한 오염제한구역으로 한려수도 일대와 서해안 일부가 이에 속한다.

10 원전의 성능이나 운영기술에 대해 평가하는 지표로 가장 우선으로 고려되는 것은?

① 무고장 운전 기간 ② 고장정지 건수
③ 사고율 ④ 이용률

> **TIP** 》 원전 이용률이란 일정기간 동안 발전소가 정지없이 최대 출력으로 발전했을 때를 100%로 보고 이에 대한 실제 운전 실적을 비교한 것으로, 원전의 성능과 운영기술의 평가에서 가장 먼저 고려되는 지표이다.

11 우리나라가 원자력 발전에 대한 설명으로 거리가 먼 것은?

① 원자력발전은 오늘날 주력의 발전원으로 총 발전량 중 20% 이상을 차지하고 있으며 세계 6위의 원전 강대국으로 발돋움하게 되었다.
② 우리의 원전기술은 선진국수준에 있으며 원전연료의 재료인 농축우라늄의 수입 외에는 모두 국산화가 가능하다.
③ 발전소에서 사용하는 화석연료로 국내 온실가스의 40% 정도를 배출하고 있다.
④ 원전의 연료인 우라늄은 세계 전역에 고르게 매장되어 있고, 수입원이 정치적·경제적으로 안정된 선진국이어서 세계 에너지정세에 크게 영향을 받지 않는다.

> **TIP** 》 ③ 발전소에서 사용하는 화석연료로 국내 온실가스의 24% 정도가 배출되고 있다. 발전원별로 온실가스 배출량을 비교할 때 원자력발전이 가장 적은 것으로 밝혀졌다. 현재 실용 에너지 중 원자력발전이 가장 청정에너지에 가깝다.

ANSWER 》 6.② 7.③ 8.② 9.③ 10.④ 11.③

12 우리나라의 원전 건설 및 운영경험을 해외에 전수하고 있지 않은 나라를 고르시오.

① 루마니아

② 인도네시아

③ 우즈베키스탄

④ 베트남

> **TIP 》** 우리나라는 30년이라는 비교적 짧은 기간 동안 놀라운 발전을 거둔 원전 발전 성공 사례를
> 가지고 있고, 외국에서는 우리나라를 최적의 발전 모델로 삼고 있다. 우리의 원전 기술력과
> 경험을 중국, 베트남, 인도네시아, 루마니아 등 지역에 수출하고 있다.

13 다음 중 방사선에 대한 설명으로 옳지 않은 것은?

① 방사선은 쌀에서도, 채소에서도, 우리의 몸에서도 나오는데 이를 자연방사선이라 한
다.

② 우리는 연간 평균 4.2mSv 정도의 자연방사선을 받으며 살고 있다.

③ 텔레비전이나 전자레인지, 냉장고 등의 가전제품, 병원에서 쓰는 엑스선 촬영기나 암
치료 장치 등에서 나오는 것은 인공방사선으로 분류된다.

④ 원자력발전소 주변의 방사선량은 0.05mSv 이하로 엄격히 규제되고 있고 실제 측정
수치는 0.01mSv 미만이다.

> **TIP 》** ② 우리는 연간 평균 2.4mSv 정도의 자연방사선을 받으며 살고 있다. 이는 인체에 무해한 수
> 준이다. 유럽여행을 한 번 갔다 왔을 때 비행기 탑승으로 받는 방사선량이 0.07mSv임을 볼
> 때 원자력발전소로 인한 방사선 걱정은 전혀 할 필요가 없다고 볼 수 있다.

14 한국수력원자력에 대한 설명으로 옳지 않은 것을 고르시오.

① 2012년 12월 국내 최초로 댐 사면을 활용하여 태양광발전소를 기장에 건설하였다.

② 영광과 울진 소재의 원자력발전소의 명칭에서 지역명을 제거하였다.

③ 한국수력원자력발전소는 현재 태양광 분야의 신재생에너지 사업을 추진하고 있다.

④ 부산에서 연료전지 사업을 진행하고 있다.

> **TIP 》** 한국수력원자력은 2012년 국내 최초로 댐 사면의 공간을 활용한 예천태양광발전소 공사를
> 마무리하였다.

15 방사선비상은 사고의 심각성에 따라 3종류로 구분하는데 다음중 방사선 비상의 분류에 대한 설명으로 옳지 않은 것은?

① 황색비상은 백색비상에서 안전 상태로의 복구기능의 저하로 원자력시설의 주요 안전 기능에 손상이 발생하거나 발생할 우려가 있는 등의 사고를 말한다.

② 방사성물질의 밀봉상태의 손상 또는 원자력시설의 안전상태 유지를 위한 전원공급기 능에 손상이 발생하거나 발생할 우려가 있는 등의 사고는 백색비상이다.

③ 백색비상은 방사성 물질의 누출로 인한 방사성영향이 원자력시설의 건물 내에 국한 될 것으로 예상되는 비상사태로 가장 경미한 비상상황이다.

④ 적색비상은 노심의 손상 또는 용융 등으로 원자력시설의 최후방벽에 손상이 발생하 거나 발생할 우려가 있는 사고를 말한다.

TIP 》 ①은 청색비상에 대한 설명이다. 청색비상은 방사성물질의 누출로 인한 방사선영향이 원자 력시설 부지 내에 국한 될 것으로 예상되는 비상사태를 말한다.

16 방사선 비상시 행동방법으로 옳지 않은 것을 고르시오.

① 가축이나 애완동물들은 사람들이 대피로 주거지를 떠난 뒤 후 기상재해의 피해를 입 거나 아사의 우려가 있으므로 우리의 문을 열어 풀어준다.

② 장독대 및 창문의 모든 문을 닫는다.

③ 옥내 대피 통보를 받으면 즉시 집으로 돌아가서 외출을 삼간다.

④ 구호소 대피 통보를 받으면 마을별 집결지에 모여 구호소로 단체 대피한다.

TIP 》 ① 가축이나 동물들은 우리에 가둔 뒤 충분한 먹이를 준다.

17 원자력발전소나 공장에서 냉각수로 사용한 더운물의 유출로 인하여 해양이 오염되는데, 이러 한 열오염이 문제시되는 원인은?

① DO의 급격한 감소　　　　　　② 유기염류의 대량 유입

③ 일시적인 수온 상승　　　　　　④ CO_2의 감소

TIP 》 더운 물일수록 산소를 적게 흡수하여 용존산소량(DO)이 부족하게 되는데, 이로 인해 수중 생물이 사멸하게 되고 잔류하여 물이 부패된다.

ANSWER 〉 12.③　13.②　14.①　15.①　16.①　17.①

18 환경영향평가제란?

① 환경보전운동의 효과를 평가하는 것

② 환경보전법, 해상오염방지법, 공해방지법 등을 총칭하는 것

③ 공해지역 주변에 특별감시반을 설치하여 환경보전에 만전을 기하는 것

④ 건설이나 개발이 주변 환경과 인간에게 미치는 영향을 미리 측정하여 대책을 세우는 것

> **TIP** 》 환경영향평가제란 공해를 유발할 수 있는 새로운 시설이나 건물 등이 들어설 때 환경보전 측면에서 전에 이를 평가·심사하는 제도이다.

19 연안 해역에 적조현상이 생길 때 다음 설명 중 옳지 않은 것은?

① 적조현상이란 식물성 플랑크톤의 이상증식으로 해수가 변색되는 것을 말한다.

② 적조를 일으키는 요소로서는 영양염도 중요하지만 유독성 중금속도 중요하다.

③ 적조는 정체해역에서 잘 일어나는 현상이다.

④ 적조현상 때문에 용존산소가 결핍하게 되어 어패류가 폐사하게 된다.

> **TIP** 》 적조현상은 식물성 플랑크톤이 과다하게 번식하여 해수가 적색을 띠는 현상이다. 이 현상은 표층 수의 온도가 상승한 경우, 영양염이 증가한 경우, 무풍상태가 계속되어 해수의 혼합이 저하한 경 우에 발생하며 유독성 중금속 성분과는 관계없다.

20 현재 우리나라에서 가동 중인 원자력 발전소가 아닌 것을 고르시오.

① 월성 3, 4호기   ② 신한울 3, 4호기

③ 신월성 1호기   ④ 한빛 5, 6호기

> **TIP** 》 신한울 3,4호기는 건설 중이고 나머지 발전소들은 현재 가동중인 원자력 발전소이다.

21 신재생에너지에 포함되지 않는 것을 고르시오.

① 태양에너지　　　　　　　　② 연료전지

③ 원자력에너지　　　　　　　④ 수소에너지

　　TIP 》 원자력에너지는 신재생에너지에 포함되지 않는다. 신재생에너지는 원자력에너지의 대안으로 최근 대두되고 있는 에너지이다. 기존의 화석연료를 변환시켜 이용하거나 물, 지열, 햇빛, 생물유기체 등을 포함하는 재생 가능한 에너지를 변환시켜 이용하는 에너지를 말하고 지속 가능한 에너지 공급체계를 위한 미래에너지원을 그 특성으로 한다.

22 한국수력원자력이 운영하고 있는 수력발전소 중 발전방식이 다른 곳을 고르시오.

① 강릉　　　　　　　　　　　② 청평

③ 팔당　　　　　　　　　　　④ 괴산

　　TIP 》 춘천, 의암, 청평, 팔당, 괴산은 댐식 발전방식을 채택하고 있고 섬진강, 보성강, 강릉의 발전소는 유역변경식으로 발전소를 운영하고 있다.

23 우리나라는 전 세계에서 자원이 부족한 자원빈국(資源貧國) 중 하나이다. 우리나라처럼 에너지 부존자원이 부족하고 에너지 수입 의존도가 높은 나라에서 필수적인 대체 에너지는 무엇인가?

① 천연가스　　　　　　　　　② 석유

③ 원자력　　　　　　　　　　④ 석탄

　　TIP 》 원자력의 원료는 우라늄으로 이것은 전 세계에 고르게 매장되어 다른 대체에너지(석유, 석탄 등)에 비해 비교적 안정적인 공급원이 될 수 있다. 또한 우라늄은 적은 양으로 많은 양의 에너지를 얻을 수 있고 화력발전이나 수력, 태양광발전에 비해 발전 단가가 저렴하다. 그리고 온실가스의 배출도 타 에너지에 비해 낮기 때문에 우리나라와 같은 자원빈국에서는 필수적인 대체 에너지로 여겨지고 있다. 다만 원전사고 시 방사능이 유출될 경우 치명적인 위험을 초래할 수 있다는 단점을 안고 있다.

ANSWER 〉 18.④　19.②　20.②　21.③　22.①　23.③

24 2018년 기준 우리나라의 에너지 수입액 중 가장 큰 비중을 차지하고 있는 에너지 원료는?

① 우라늄
② 원유
③ 천연가스
④ 유연탄

TIP 》 2018년 기준 수입액 비중이 큰 순서는 원유 > 천연가스 > 석유제품 > 석탄 > 우라늄이다.

25 다음 중 원자력 발전의 원리로 옳은 것은?

① 우라늄의 핵분열로 발생한 열로 물을 증기로 바꿔 발전을 한다.
② 바람을 풍차에 의해 기계적 에너지로 변환시킨 후 발전기를 돌려 발전을 한다.
③ 하천이나 호수 등의 물이 가지는 위치에너지를 수차에 의해 기계에너지로 변환시키고 이를 다시 발전기를 이용해 전기에너지로 변환하여 발전을 한다.
④ 연료에너지를 연소시켜 얻어낸 기계적 에너지로 회전기를 회전시켜 전기적 에너지로 변환시킨 후 발전을 한다.

TIP 》 ② 풍력발전의 원리 ③ 수력발전의 원리 ④ 화력발전의 원리

26 다음 중 우라늄의 핵분열에서 에너지가 나오는 원리는 어떤 이론을 기초로 한 것인가?

① 에너지-질량 등가법칙
② 키르히호프의 법칙
③ 옴의 법칙
④ 쿨롱의 법칙

TIP 》 우라늄의 핵분열에서 에너지가 나오는 원리는 아인슈타인의 에너지 – 질량 등가법칙에 기초를 두고 있다. 즉 핵분열 전후에 발생한 핵 무게 차이(질량결손)만큼 에너지가 발생한다는 원리이다.

27 다음 중 원자구조에 포함되지 않는 것은?

① 양자
② 중성자
③ 전자
④ 미립자

> **TIP** 》 원자는 크게 원자핵(양자+중성자)과 전자로 구성되어 있다.

28 우리나라가 원자력 발전을 이용하는 이유 중 옳지 않은 것은?

① 원자력 발전은 환경 친화적인 에너지이다.
② 원자력 발전은 고도기술을 선도하는 에너지이다.
③ 원자력 발전은 안정적인 연료공급 에너지이다.
④ 원자력 발전은 다른 나라로부터 쉽게 수입할 수 있는 에너지이다.

> **TIP** 》 우리나라는 다른 나라로부터 에너지 수입 의존도를 낮추고 에너지 자립국으로 발돋움하기
> 위하여 1970년대부터 탈석유전원정책의 일환으로 원자력발전을 시작하였다. 그 결과 오늘
> 날 우리나라 주력의 발전원으로 총 발전량 중 30% 이상을 차지하고 있으며 세계 5위의 원
> 전 강대국으로 발돋움 하였다.

29 다음 중 원자력 발전의 설계 개념으로 옳지 않은 것은?

① 같은 기능을 가진 설비를 두 개 이상 중복 설치한다.
② 한 가지 기능을 달성하기 위하여 구성(구동력 등)이 다른 계통 또는 기기를 두 가지 이상 설치한다.
③ 충분한 여유도를 갖는 지진설계로 강진(규모 5.5 정도)이 발생되어도 안전하게 설치한다.
④ 두 개 이상의 계통 또는 기기가 한 가지 원인에 의해 기능이 상실되지 않도록 물리적, 전기적으로 상호 분리하여 독립설치를 한다.

> **TIP** 》 원자력 발전의 설계 개념으로는 크게 다중성, 다양성, 독립성, 내진설계 등이 있다.
> ③ 충분한 여유도를 갖는 지진설계로 강진(규모 6.5 정도)이 발생되어도 안전하게 설치한다.
> ① 다중성 ② 다양성 ④ 독립성

ANSWER 〉 24.② 25.① 26.① 27.④ 28.④ 29.③

30 다음 중 발전원별 이산화탄소(CO_2) 배출량이 가장 높은 것은?

① 바이오매스   ② 석탄

③ 천연가스   ④ 석유

>**TIP** 》 발전원별 이산화탄소(CO_2) 배출량은 석탄 > 석유 > 천연가스 > 바이오매스 순이다.

31 다음은 원자력 발전소 사고 등급과 기준을 짝지은 것이다. 옳지 않은 것은?

① 2등급 – 안전 계통의 주요 고장/사고 확대 가능 없음, 안전성 영향 없음

② 4등급 – 제한량의 방사성물질 외부 방출/노심의 심한 손상

③ 3등급 – 미량의 방사성물질 외부 방출, 사고확대가능/안전계통의 심각한 고장 등

④ 6등급 – 상당량의 방사성물질 외부 방출

>**TIP** 》 원자력 고장 및 사고의 등급분류
>
>| 등급 | | 기준 | 사례 |
>|---|---|---|---|
>| 사고 | 4~7등급 | 방사성물질 외부 방출/노심손상
4 : 소량/노심 일부 손상
5 : 제한량/노심 심한 손상
6 : 상당량
7 : 다량(광역) | 구소련 체르노빌 사고(7등급)
일본 후쿠시마 사고(7등급)
미국 TMI 사고(5등급) |
>| 고장 | 3등급 | 미량 방사성물질 외부방출
사고확대가능/안전 계통 심각한 고장
방사선 오염 확산/종사자 방사선 장애 | |
>| | 2등급 | 안전 계통의 주요고장/사고확대 가능 없음
안전성 영향 없음 | 국내 1건('94)
일본 미하마 원전('91) |
>| | 1등급 | 비정상 상태(운전 제한조건 이탈)
안전성 영향 없음 | 국내 3건('97, '99) |
>| 경미한
고장 | 0등급 | 안전성에 전혀 영향이 없음
정상운전의 일부 | 대부분의 고장정지 해당 |

32 원자력 발전소에서 규모 6.5 초과의 지진 발생 시 발령되는 경보는?

① 청색비상 발령   ② 백색비상 발령

③ 적색비상 발령   ④ 흑색비상 발령

> **TIP** 》 우리나라 원자력 발전소에서는 규모 6.5 초과의 지진 발생 시 청색비상경보가 발령되며 이
> 후 방사선 비상계획에 따라 조치를 하게 된다.
> ② 백색비상경보는 규모 5.5 초과의 지진 발생 시 발령된다.

33 원자력 발전소 주변 방사선량의 규제범위는?

① 0.05mSv 이하   ② 0.06mSv 이하

③ 0.07mSv 이하   ④ 0.08mSv 이하

> **TIP** 》 원자력 발전소 주변의 방사선량은 0.05mSv 이하로 엄격히 규제하고 있으며 실제로는
> 0.01mSv 미만이다. 참고로 일반인의 연간 방사선 허용선량은 1이다.

34 다음 중 방사선의 이용 분야로 옳지 않은 것은?

① 고고학 연구   ② 우주개발

③ 목조건물 건축   ④ 범죄수사

> **TIP** 》 방사선의 이용분야
> • 연구 – 식물생리 연구, 유해물질 분해, 고고학 연구, 동물생리 연구 등
> • 농업 – 식품보존, 농작물 품종개량, 지질 · 지하수 조사 등
> • 공업 – 공업용 측정, 비파괴 검사, 화학반응 촉진, 화학물질 검출 등
> • 첨단기술개발 – 우주개발, 해양개발 등
> • 의료 – 병의 진단 및 치료, 인공장기, 의료기구 멸균 등
> • 조사, 분석 – 공해조사, 유해물질 분석, 범죄수사, 미술품 검사 등

35 현재 우리나라 원자력 발전소 중 실제 가동되고 있는 발전소의 개수는?

① 21기　　　　　　　　　　　② 22기

③ 23기　　　　　　　　　　　④ 24기

　　　TIP 》 현재(19년 4월 기준) 우리나라에서 가동되고 있는 원자력발전소는 총 24기이며 건설 중인 발전소는 6기이다.

36 현재 전 세계에서 가장 많은 원자력 발전소를 보유한 나라는?

① 프랑스　　　　　　　　　　② 러시아

③ 미국　　　　　　　　　　　④ 독일

　　　TIP 》 현재 전 세계에서 가장 많은 원자력 발전소를 보유하고 있는 나라는 미국이다. 2019년 기준 우리나라는 미국, 프랑스, 일본, 중국, 러시아에 이어 6번째로 많은 원자력 발전소가 운전 중이다.

37 다음은 원자력 발전의 주원료인 우라늄이 채광되어 방사성 폐기물로 처분되기까지의 과정을 나타낸 것이다. 옳은 것은?

① 채광 → 정광 → 천연육불화 우라늄 → 농축육불화 우라늄 → 연료로 사용 → 방사성 폐기물
② 채광 → 천연육불화 우라늄 → 정광 → 농축육불화 우라늄 → 연료로 사용 → 방사성 폐기물
③ 채광 → 농축육불화 우라늄 → 천연육불화 우라늄 → 정광 → 연료로 사용 → 방사성 폐기물
④ 채광 → 연료로 사용 → 농축육불화 우라늄 → 천연육불화 우라늄 → 정광 → 방사성 폐기물

　　　TIP 》 우라늄은 채광 → 정광 → 천연육불화 우라늄 → 농축육불화 우라늄 → 연료로 사용 → 방사성 폐기물의 과정을 거치게 된다.

38 우라늄 235의 원자핵이 중성자를 흡수하면 2개의 다른 원자핵으로 분열하는데 이를 무엇이라 하는가?

① 핵융합　　　　　　　　　　② 핵우산

③ 핵이식　　　　　　　　　　④ 핵분열

　　　TIP 》 ① 핵융합 : 핵분열과는 반대로 질량수가 작은 원자핵이 서로 충돌, 융합하는 원자핵반응이다. 대표적인 핵융합 반응으로 중수소(H-2 또는 D)와 3중수소(H-3 또는 T)의 반응, 중수소와 중수소끼리의 반응이 있다.
　　　　　　　　② 핵우산 : 핵무기 보유국의 핵전력에 의하여 국가의 안전보장을 도모하는 것.
　　　　　　　　③ 핵이식 : 핵치환이라고도 하며 어떤 세포에서 핵을 꺼내 이미 핵을 제거한 난자에 넣어 발생시키는 기술을 말한다. 이 기술에 의해 어떤 우수한 생물을 복제하여 다량으로 얻을 수 있다.

39 다음 중 핵분열성 물질이 아닌 것은?

① 우라늄　　　　　　　　　　② 마그네슘

③ 토륨　　　　　　　　　　　④ 플루토늄

　　　TIP 》 마그네슘은 핵분열성 물질에 속하지 않는다.

40 다음 중 원자력 발전에 대한 내용으로 옳지 않은 것은?

① 원자력 발전소의 대표적인 사고 사례로 TMI 발전소 사고, 체르노빌 발전소 사고, 후쿠시마 발전소 사고 등이 있다.

② 원자력 발전은 원료가공에서부터 연료 사용, 연료 폐기 시까지 유해물질을 전혀 배출하지 않아 무공해 에너지원으로 각광받고 있다.

③ 핵융합 반응을 인위적으로 일으켜 거대한 에너지를 발생시킨 최초의 예는 수소폭탄의 사용이다.

④ 방사성 폐기물은 크게 반감기가 긴 고준위 방사성 폐기물과 반감기가 짧은 중/저준위 방사성 폐기물로 나뉜다.

　　　TIP 》 원자력 발전은 비록 연료 사용 시에는 유해물질을 배출하지 않지만 원료인 우라늄을 가공하는 과정에서 유해물질을 배출하기도 한다.

ANSWER 》 35.④　36.③　37.①　38.④　39.②　40.②

관련 법령

관련 법령

1 청원경찰법령상 청원경찰에 대한 징계의 종류에 해당되지 않는 것은?

① 파면   ② 정직
③ 견책   ④ 강등

> TIP 》 ④ 청원경찰에 대한 징계의 종류는 파면, 해임, 정직, 감봉 및 견책으로 구분한다(법 제5조
> 의2 제2항).
> ※ **법 제5조의2(청원경찰의 징계)**
>   ① 청원주는 청원경찰이 다음 각 호의 어느 하나에 해당하는 때에는 대통령령으로 정하
>   는 징계절차를 거쳐 징계처분을 하여야 한다.
>   1. 직무상의 의무를 위반하거나 직무를 태만히 한 때
>   2. 품위를 손상하는 행위를 한 때
>   ② 청원경찰에 대한 징계의 종류는 파면, 해임, 정직, 감봉 및 견책으로 구분한다.
>   ③ 청원경찰의 징계에 관하여 그 밖에 필요한 사항은 대통령령으로 정한다.

2 청원경찰법령상 청원경찰 임용 조건에 부합하지 않는 것은?

① 체중이 남자는 50kg 이상, 여자는 40kg 이상일 것
② 신체가 건강하고 팔다리가 완전할 것
③ 교정시력을 포함한 시력은 양쪽 눈이 각각 0.8 이상일 것
④ 18세 이상인 사람

> TIP 》 ① 체중에 관한 규정은 없다.

3 청원경찰법령상 청원경찰의 징계에 관한 내용으로 옳지 않은 것은?

① 청원경찰이 품위를 손상하는 행위를 하는 경우 청원주는 징계절차에 따라 징계처분을 하여야 한다.

② 관할 경찰서장은 청원경찰이 직무상 의무 위반에 해당한다고 인정되면 청원주에게 해당 청원경찰에 대하여 징계처분을 하도록 요청할 수 있다.

③ 정직은 1개월 이상 3개월 이하로 하고, 그 기간에 청원경찰의 신분은 보유하나 직무에 종사하지 못하며, 보수의 2분의 1을 줄인다.

④ 감봉은 1개월 이상 3개월 이하로 하고, 그 기간에 보수의 3분의 1을 줄인다.

> **TIP 》** ③ 정직은 1개월 이상 3개월 이하로 하고, 그 기간에 청원경찰의 신분은 보유하나 직무에 종사하지 못하며, 보수의 3분의 2를 줄인다(시행령 제8조 제2항).
>
> ※ **시행령 제8조(징계)**
>   ① 관할 경찰서장은 청원경찰이 법 제5조의2 제1항 각 호의 어느 하나에 해당한다고 인정되면 청원주에게 해당 청원경찰에 대하여 징계처분을 하도록 요청할 수 있다.
>   ② 법 제5조의2 제2항의 정직은 1개월 이상 3개월 이하로 하고, 그 기간에 청원경찰의 신분은 보유하나 직무에 종사하지 못하며, 보수의 3분의 2를 줄인다.
>   ③ 법 제5조의2 제2항의 감봉은 1개월 이상 3개월 이하로 하고, 그 기간에 보수의 3분의 1을 줄인다.
>   ④ 법 제5조의2 제2항의 견책은 전과에 대하여 훈계하고 회개하게 한다.
>   ⑤ 청원주는 청원경찰 배치 결정의 통지를 받았을 때에는 통지를 받은 날부터 15일 이내에 청원경찰에 대한 징계규정을 제정하여 관할 지방경찰청장에게 신고하여야 한다. 징계규정을 변경할 때에도 또한 같다.
>   ⑥ 지방경찰청장은 제5항에 따른 징계규정의 보완이 필요하다고 인정할 때에는 청원주에게 그 보완을 요구할 수 있다.

4 청원경찰법령상 벌칙 및 과태료에 관한 내용으로 옳지 않은 것은?

① 청원경찰이 직무를 수행할 때 직권을 남용하여 국민에게 해를 끼친 경우 6개월 이하의 징역이나 금고에 처한다.

② 정당한 사유 없이 경찰청장이 고시한 최저부담기준액 이상의 보수를 지급하지 아니한 청원주에게는 500만 원 이하의 과태료를 부과한다.

③ 청원경찰로서 노동운동이나 그 밖에 공무 외의 일을 위한 집단 행위를 하는 자는 1년 이하의 징역 또는 200만 원 이하의 벌금에 처한다.

④ 청원경찰로서 직무상의 의무를 위반하거나 태만히 한 때에는 300만 원 이하의 과태료를 부과한다.

> **TIP 》** ④ 청원경찰이 직무상의 의무를 위반하거나 직무를 태만히 한 때에는 대통령령으로 정하는 징계절차를 거쳐 징계처분을 하여야 한다(법 제5조의2 제1항 제1호).

ANSWER 〉 1.④ 2.① 3.③ 4.④

5 청원경찰법령상 청원주로부터 무기 및 탄약을 지급받은 청원경찰의 무기관리수칙에 관한 내용으로 옳지 않은 것은?

① 지급받은 무기는 다른 사람에게 보관하거나 휴대시킬 수 없으며 손질을 의뢰할 수 없다.

② 무기와 탄약을 지급받았을 때에는 별도의 지시가 없으면 무기와 탄약을 분리하여 휴대하여야 하며, 소총은 "우로 어깨 걸어 총"의 자세를 유지하고, 권총은 "권총집에 넣어 총"의 자세를 유지하여야 한다.

③ 무기를 손질 또는 조작할 때에는 반드시 총구를 공중으로 향하여야 한다.

④ 무기를 지급받거나 반납할 때 또는 인계인수할 때에는 반드시 "검사 총" 자세 이후 "앞에 총"을 하여야 한다.

> **TIP** 》 ④ 무기를 지급받거나 반납할 때 또는 인계인수시에는 반드시 "앞에 총" 자세에서 "검사 총"을 해야 한다(시행규칙 제16조 제3항 제1호).
>
> ※ **시행규칙 제16조(무기관리수칙)**
> ③ 청원주로부터 무기와 탄약을 지급받은 청원경찰은 다음 각 호의 사항을 준수하여야 한다.
> 1. 무기를 지급받거나 반납할 때 또는 인계인수할 때에는 반드시 "앞에 총" 자세에서 "검사 총"을 하여야 한다.
> 2. 무기와 탄약을 지급받았을 때에는 별도의 지시가 없으면 무기와 탄약을 분리하여 휴대하여야 하며, 소총은 "우로 어깨 걸어 총"의 자세를 유지하고, 권총은 "권총집에 넣어 총"의 자세를 유지하여야 한다.
> 3. 지급받은 무기는 다른 사람에게 보관 또는 휴대하게 할 수 없으며 손질을 의뢰할 수 없다.
> 4. 무기를 손질하거나 조작할 때에는 반드시 총구를 공중으로 향하게 하여야 한다.
> 5. 무기와 탄약을 반납할 때에는 손질을 철저히 하여야 한다.
> 6. 근무시간 이후에는 무기와 탄약을 청원주에게 반납하거나 교대근무자에게 인계하여야 한다.

6 청원경찰법상의 내용으로 옳지 않은 것은?

① 청원경찰은 청원경찰의 배치 결정을 받은 자와 배치된 기관 · 시설 또는 사업장 등의 구역을 관할하는 순찰지구대장의 감독을 받아야 한다.

② 청원경찰의 임용자격, 임용방법 등에 관하여는 대통령령으로 정한다.

③ 청원주는 청원경찰의 봉급과 수당 등의 청원경찰경비를 부담해야 한다.

④ 국가공무원법상의 결격사유에 해당하는 사람은 청원경찰로 임용될 수 없다.

> **TIP** 》 ① 청원경찰은 청원경찰의 배치 결정을 받은 자와 배치된 기관 · 시설 또는 사업장 등의 구역을 관할하는 경찰서장의 감독을 받아 그 경비구역만의 경비를 목적으로 필요한 범위에서 「경찰관 직무집행법」에 따른 경찰관의 직무를 수행한다(법 제3조).
> ② 청원경찰의 임용자격 · 임용방법 · 교육 및 보수에 관하여는 대통령령으로 정한다(법 제5조 제3항).
> ③ 청원경찰법 제6조 제1항
> ④ 청원경찰법 제5조 제2항

7 청원경찰법의 무기와 관련된 규정의 설명으로 옳지 않은 것은?

① 청원주가 청원경찰이 휴대할 무기를 대여하였을 때에는 관할 경찰서장은 청원경찰의 무기관리 상황을 월 1회 정기적으로 점검하여야 한다.

② 청원주가 무기와 탄약을 대여 받았을 때에는 경찰청장이 정하는 무기·탄약 출납부 및 무기장비 운영카드를 갖춰 두고 기록하여야 한다.

③ 청원주가 청원경찰이 휴대할 무기를 대여 받으려는 경우에는 관할 경찰서장을 거쳐 지방경찰청장에게 무기대여를 신청하여야 한다.

④ 지방경찰청장은 청원경찰이 직무를 수행하기 위하여 필요하다고 인정하면 청원주의 신청을 받아 관할 경찰서장으로 하여금 청원경찰에게 무기를 대여하여 지니게 할 수 있다.

> **TIP 》** ① 청원주가 청원경찰이 휴대할 무기를 대여하였을 때에는 관할 경찰서장은 청원경찰의 무기관리 상황을 수시로 점검하여야 한다〈청원경찰법 시행령 제16조 제3항〉.
> ※ 무기 휴대(시행령 제16조)
> ㉠ 청원주가 청원경찰이 휴대할 무기를 대여 받으려는 경우에는 관할 경찰서장을 거쳐 지방경찰청장에게 무기대여를 신청하여야 한다.
> ㉡ ㉠의 신청을 받은 지방경찰청장이 무기를 대여하여 휴대하게 하려는 경우에는 청원주로부터 국가에 기부채납된 무기에 한정하여 관할 경찰서장으로 하여금 무기를 대여하여 휴대하게 할 수 있다.
> ㉢ ㉠에 따라 무기를 대여하였을 때에는 관할 경찰서장은 청원경찰의 무기관리 상황을 수시로 점검하여야 한다.
> ㉣ 청원주 및 청원경찰은 행정안전부령으로 정하는 무기관리수칙을 준수하여야 한다.

8 청원경찰법의 청원경찰경비와 보상금 규정 내용으로 옳지 않은 것은?

① 청원주는 청원경찰에게 지급할 봉급과 각종 수당을 부담하여야 한다.

② 청원주는 청원경찰의 피복비와 교육비를 부담하여야 한다.

③ 청원주는 직무상의 부상·질병으로 인하여 퇴직하거나, 퇴직 후 1년 이내에 사망한 경우 보상금을 지급하여야 한다.

④ 청원주는 보상금의 지급을 이행하기 위하여 산업재해보상보험법에 따른 산업재해보상보험에 가입하거나, 근로기준법에 따라 보상금을 지급하기 위한 재원을 따로 마련하여야 한다.

> **TIP 》** ③ 보상금의 지급은 퇴직 후 2년 이내에 사망한 경우에 해당한다(법 제7조).
> ※ 법 제7조(보상금)
> 청원주는 청원경찰이 다음 각 호의 어느 하나에 해당하게 되면 대통령령으로 정하는 바에 따라 청원경찰 본인 또는 그 유족에게 보상금을 지급하여야 한다.
> 1. 직무수행으로 인하여 부상을 입거나, 질병에 걸리거나 또는 사망한 경우
> 2. 직무상의 부상·질병으로 인하여 퇴직하거나, 퇴직 후 2년 이내에 사망한 경우

ANSWER 》 5.④ 6.① 7.① 8.③

9 청원경찰의 교육에 대한 설명으로 옳지 않은 것은?

① 청원경찰에 임용된 자는 경비구역에 배치되기 전에 반드시 교육을 받아야 한다.

② 경찰공무원 또는 청원경찰에서 퇴직한 자가 퇴직한 날부터 3년 이내에 청원경찰로 임용된 때에는 교육을 면제할 수 있다.

③ 교육기간은 2주간으로 한다.

④ 청원주는 소속 청원경찰에 대하여 직무집행에 필요한 교육을 매월 4시간 이상 실시해야 한다.

> **TIP** 》 ① 청원주는 청원경찰에 임용된 자에 대하여 경비구역에 배치하기 전에 경찰교육기관에서 직무수행상 필요한 교육을 받게 해야 한다. 다만, 경찰교육기관의 교육계획상 부득이하다고 인정할 때에는 우선 배치하고 임용 후 1년 이내에 교육을 받게 할 수 있다(시행령 제5조 제1항).

10 청원경찰법령상 청원경찰 배치 대상 기관 · 시설 · 사업장에 해당하는 것을 모두 고른 것은?

> ⊙ 국내 주재(駐在) 외국기관
> ⓛ 선박, 항공기 등 수송시설
> ⓒ 언론, 통신, 방송을 업으로 하는 시설
> ② 공공의 안녕질서 유지와 국민경제를 위하여 고도의 경비가 필요한 장소

① ⊙, ⓛ

② ⊙, ⓒ, ②

③ ⓛ, ⓒ, ②

④ ⊙, ⓛ, ⓒ, ②

> **TIP** 》 ④ 모두 청원경찰을 배치해야 한다.
>
> ※ **청원경찰의 배치 대상이 되는 기관 · 시설 · 사업장(법 제2조)**
>   ⊙ 국가기관 또는 공공단체와 그 관리 하에 있는 중요 시설 또는 사업장
>   ⓛ 국내 주재 외국기관
>   ⓒ 그 밖에 행정안전부령으로 정하는 중요 시설, 사업장 또는 장소
>   • 선박, 항공기 등 수송시설
>   • 금융 또는 보험을 업으로 하는 시설 또는 사업장
>   • 언론, 통신, 방송 또는 인쇄를 업으로 하는 시설 또는 사업장
>   • 학교 등 육영시설
>   • 「의료법」에 따른 의료기관
>   • 그 밖에 공공의 안녕질서 유지와 국민경제를 위하여 고도의 경비가 필요한 중요 시설, 사업체 또는 장소

11 청원경찰의 보상금 및 퇴직금에 대한 설명이다. 옳지 않은 것은?

① 본인 또는 그 유족에게 보상금을 지급해야 한다.

② 직무수행으로 인하여 부상을 입거나, 질병에 걸리거나 또는 사망한 때 보상금을 지급해야 한다.

③ 직무상의 부상·질병으로 인하여 퇴직하거나, 퇴직 후 3년 이내에 사망한 때 보상금을 지급해야 한다.

④ 청원주는 청원경찰이 퇴직한 때에는 근로자퇴직급여 보장법의 규정에 의한 퇴직금을 지급해야 한다.

> **TIP** 》 ③ 직무상의 부상·질병으로 인하여 퇴직하거나, 퇴직 후 2년 이내에 사망한 때 보상금을 지급해야 한다(법 제7조 제2호).

12 청원경찰법령상 청원경찰의 교육에 관한 설명으로 옳지 않은 것은?

① 청원경찰은 배치하기 전에 직무수행에 필요한 교육을 받게 해야 한다. 다만 부득이한 경우에는 임용 후 2년 이내에 교육을 받게 할 수 있다.

② 청원경찰의 신임교육기간은 2주이다.

③ 청원주는 소속 청원경찰에게 매월 4시간 이상의 직무교육을 실시해야 한다.

④ 청원경찰의 신임교육과목에는 형사법, 경찰관 직무집행법, 화생방 등이 있다.

> **TIP** 》 ① 청원주는 청원경찰로 임용된 사람으로 하여금 경비구역에 배치하기 전에 경찰교육기관에서 직무 수행에 필요한 교육을 받게 하여야 한다. 다만, 경찰교육기관의 교육계획상 부득이하다고 인정할 때에는 우선 배치하고 임용 후 1년 이내에 교육을 받게 할 수 있다(시행령 제5조 제1항).
> ② 청원경찰법 시행규칙 제6조
> ③ 청원경찰법 시행규칙 제13조 제1항
> ④ 청원경찰법 시행규칙 별표1

13 청원경찰의 임용에 관한 설명이다. 옳지 않은 것은?

① 임용 신체조건에는 시력규정도 있다.

② 청원주가 청원경찰을 임용한 때에는 10일 이내에 그 임용사항을 사업장의 소재지를 관할하는 경찰서장을 거쳐 지방경찰청장에게 보고해야 한다.

③ 청원경찰의 배치결정을 받은 자는 그 배치결정통지를 받은 날부터 20일 이내에 배치 결정된 인원수의 임용예정자에 대하여 청원경찰임용승인을 지방경찰청장에게 신청해야 한다.

④ 신체조건으로 신체가 건강하고 팔다리가 완전해야 한다는 규정이 있다.

> **TIP 》** ③ 청원경찰의 배치결정을 받은 자는 그 배치결정통지를 받은 날부터 30일 이내에 배치결정된 인원수의 임용예정자에 대하여 청원경찰 임용승인을 지방경찰청장에게 신청해야 한다(시행령 제4조 제1항).

14 청원경찰법령의 규정으로 옳지 않은 것은?

① 국가기관이나 지방자치단체에 근무하는 청원경찰의 명예퇴직에 관하여는 국가공무원 법을 준용한다.

② 청원경찰은 형의 선고, 징계처분 또는 신체상·정신상의 이상으로 직무를 감당하지 못할 때를 제외하고는 그 의사에 반하여 면직되지 아니한다.

③ 청원주가 청원경찰을 면직시켰을 때에는 그 사실을 관할 경찰서장을 거쳐 지방경찰 청장에게 보고하여야 한다.

④ 청원주는 청원경찰이 퇴직할 경우 고용보험법에 따른 퇴직금을 지급하여야 한다.

> **TIP 》** ④ 청원주는 청원경찰이 퇴직할 때에는 근로자퇴직급여 보장법에 따른 퇴직금을 지급하여야 한다. 다만, 국가기관이나 지방자치단체에 근무하는 청원경찰의 퇴직금에 관하여는 따로 대통령령으로 정한다(법 제7조의2).
> ① 국가기관이나 지방자치단체에 근무하는 청원경찰의 휴직 및 명예퇴직에 관하여는 국가 공무원법 제71조부터 제73조까지 및 제74조의2를 준용한다(법 제10조의7).
> ② 청원경찰은 형의 선고, 징계처분 또는 신체상·정신상의 이상으로 직무를 감당하지 못할 때를 제외하고는 그 의사에 반하여 면직되지 아니한(법 제10조의4 제1항).
> ③ 청원주가 청원경찰을 면직시켰을 때에는 그 사실을 관할 경찰서장을 거쳐 지방경찰청장에게 보고하여야 한다(법 제10조의4 제2항).

15 청원경찰의 당연퇴직 사유에 해당하지 않는 것은?

① 임용결격사유에 해당된 때

② 청원경찰의 배치가 폐지된 때

③ 60세에 달한 때

④ 무기관리에 미흡한 때

> **TIP 》** ④는 해당되지 않는다(법 제10조의6).
>
> ※ 법 제10조의6(당연 퇴직)
>
> 청원경찰이 다음 각 호의 어느 하나에 해당할 때에는 당연 퇴직된다.
>
> 1. 제5조제2항에 따른 임용결격사유에 해당될 때
> 2. 제10조의5에 따라 청원경찰의 배치가 폐지되었을 때
> 3. 나이가 60세가 되었을 때. 다만, 그 날이 1월부터 6월 사이에 있으면 6월 30일에, 7월부터 12월 사이에 있으면 12월 31일에 각각 당연 퇴직된다.

16 청원경찰의 보수에 관한 설명이다. 봉급산정의 기준에 포함되는 경력의 내용으로 옳지 않은 것은?

① 청원경찰로 근무한 경력

② 전투경찰에 복무한 경력

③ 국가공무원으로 근무한 경력

④ 국가기관 또는 지방자치단체에서 상근으로 근무한 경력

> **TIP 》** ③ 국가공무원으로 근무한 경력은 해당하지 않는다(시행령 제11조).
>
> ※ 시행령 제11조(보수 산정 시의 경력 인정 등)
>
> ① 청원경찰의 보수 산정에 관하여 그 배치된 사업장의 취업규칙에 특별한 규정이 없는 경우에는 다음 각 호의 경력을 봉급 산정의 기준이 되는 경력에 산입(算入)하여야 한다.
>
> 1. 청원경찰로 근무한 경력
> 2. 군 또는 의무경찰에 복무한 경력
> 3. 수위·경비원·감시원 또는 그 밖에 청원경찰과 비슷한 직무에 종사하던 사람이 해당 사업장의 청원주에 의하여 청원경찰로 임용된 경우에는 그 직무에 종사한 경력
> 4. 국가기관 또는 지방자치단체에서 근무하는 청원경찰에 대해서는 국가기관 또는 지방자치단체에서 상근(常勤)으로 근무한 경력
>
> ② 국가기관 또는 지방자치단체에 근무하는 청원경찰 보수의 호봉 간 승급기간은 경찰공무원의 승급기간에 관한 규정을 준용한다.
>
> ③ 국가기관 또는 지방자치단체에 근무하는 청원경찰 외의 청원경찰 보수의 호봉 간 승급기간 및 승급액은 그 배치된 사업장의 취업규칙에 따르며, 이에 관한 취업규칙이 없을 때에는 순경의 승급에 관한 규정을 준용한다.

ANSWER 》 13.③ 14.④ 15.④ 16.③

17 청원경찰의 무기관리수칙에 관한 설명으로 옳지 않은 것은?

① 청원주가 무기 및 탄약을 대여받았을 때에는 경찰청장이 정하는 무기·탄약 출납부 및 무기장비 운영카드를 비치·기록해야 한다.

② 탄약고는 무기고와 떨어져 설치해야 하며 그 위치는 사무실이나 기타 다수인을 수용 하거나 내왕하는 시설로부터 격리되어야 한다.

③ 무기고 및 탄약고에는 이중 잠금장치를 하고 열쇠는 관리책임자가 보관하되 근무시 간 이후에는 숙직책임자에게 인계하여 보관시켜야 한다.

④ 청원주는 경찰청장이 정하는 바에 의하여 매월 무기 및 탄약의 관리실태를 파악하여 다음달 5일까지 관할 경찰서장에게 통보해야 한다.

> **TIP 》** ④ 청원주는 경찰청장이 정하는 바에 따라 매월 무기와 탄약의 관리 실태를 파악하여 다음 달 3일까지 관할 경찰서장에게 통보하여야 한다(시행규칙 제16조 제1항 제6호).

18 청원경찰법령상 청원경찰의 제복착용과 무기휴대에 대한 설명으로 옳은 것은?

① 청원경찰은 근무 중 제복을 착용하여야 한다.

② 청원경찰의 제복, 장구 및 부속물에 관하여 필요한 사항은 대통령령으로 정한다.

③ 경찰청장은 청원경찰이 직무수행을 위하여 필요하다고 인정할 때에는 관할 경찰서장 의 신청에 의하여 지방경찰청으로 하여금 무기를 대여하여 휴대하게 할 수 있다.

④ 청원경찰의 복제와 무기휴대에 관하여 필요한 사항은 경찰청장령으로 정한다.

> **TIP 》** ① 법 제8조 제1항
> ② 청원경찰의 제복·장구 및 부속물에 관하여 필요한 사항은 행정안전부령으로 정한다(시 행령 제14조 제2항).
> ③ 지방경찰청장은 청원경찰이 직무수행을 위하여 필요하다고 인정하면 청원주의 신청을 받아 관할 경찰서장으로 하여금 무기를 대여하여 지니게 할 수 있다(법 제8조 제2항).
> ④ 청원경찰의 복제와 무기휴대에 관하여 필요한 사항은 대통령령으로 정한다(법 제8조 제 3항).

19 지방자치단체에 근무하는 청원경찰의 직무상 불법행위에 대한 배상책임의 근거법은?

① 국가배상법   ② 지방자치법

③ 청원경찰법   ④ 민법

> **TIP** 》 ① 국가 또는 지방자치단체는 공무원이 그 직무를 집행함에 당하여 고의 또는 과실로 법령에 위반하여 타인에게 손해를 가하거나, 자동차손해배상보장법의 규정에 의하여 손해배상의 책임이 있는 때에는 국가배상법에 의하여 그 손해를 배상하여야 한다. 다만, 군인·군무원·경찰공무원 또는 향토예비군대원이 전투·훈련 등 직무집행과 관련하여 전사·순직 또는 공상을 입은 경우에 본인 또는 그 유족이 다른 법령의 규정에 의하여 재해보상금·유족연금·상이연금 등의 보상을 지급받을 수 있을 때에는 국가배상법 및 민법의 규정에 의한 손해배상을 청구할 수 없다. 여기서 공무원은 청원경찰을 포함한다.

20 청원경찰이 배치되는 시설이 아닌 것은?

① 선박, 항공기 등 수송시설

② 의료법에 따른 의료기관

③ 사회복지법에 따른 사회복지시설

④ 학교 등 육영시설

> **TIP** 》 ③ 사회복지법에 따른 사회복지시설은 해당되지 않는다(법 제2조).
>
> ※ 법 제2조(정의)
> 　이 법에서 청원경찰이란 다음의 어느 하나에 해당하는 기관의 장 또는 시설·사업장 등의 경영자가 경비를 부담할 것을 조건으로 경찰의 배치를 신청하는 경우 그 기관·시설 또는 사업장 등의 경비를 담당하게 하기 위하여 배치하는 경찰을 말한다.
> 　1. 국가기관 또는 공공단체와 그 관리하에 있는 중요 시설 또는 사업장
> 　2. 국내 주재 외국기관
> 　3. 그 밖에 행정안전부령으로 정하는 중요 시설, 사업장 또는 장소
> 　　- 선박, 항공기 등 수송시설
> 　　- 금융 또는 보험을 업으로 하는 시설 또는 사업장
> 　　- 언론, 통신, 방송 또는 인쇄를 업으로 하는 시설 또는 사업장
> 　　- 학교 등 육영시설
> 　　-「의료법」에 따른 의료기관
> 　　- 그 밖에 공공의 안녕질서 유지와 국민경제를 위하여 고도의 경비가 필요한 중요 시설, 사업체 또는 장소

21 다음 중 청원경찰과 일반경비활동의 기본적 공통사항으로 옳은 것은?

① 국민을 위한 공공복리를 위한 봉사활동
② 기본 경찰활동을 위한 형사법의 기초적 집행활동
③ 준공공적 복지활동
④ 방범 및 기초방호 등 사전적 범죄예방 활동

> **TIP 》** ④ 청원경찰과 일반경비활동은 수사와 같은 사후적 활동이 아닌 범죄 예방차원의 사전적 활동을 목표로 한다.

22 청원경찰법령상 청원경찰에 대한 징계의 종류에 해당하는 것을 모두 고른 것은?

㉠ 해임	㉡ 파면
㉢ 감봉	㉣ 견책
㉤ 정직	

① ㉠, ㉤
② ㉡, ㉢, ㉣
③ ㉡, ㉢, ㉣, ㉤
④ ㉠, ㉡, ㉢, ㉣, ㉤

> **TIP 》** ④ 청원경찰에 대한 징계의 종류는 파면, 해임, 정직, 감봉 및 견책으로 구분한다(법 제5조의2 제2항).
> ※ 법 제5조의2(청원경찰의 징계)
> ① 청원주는 청원경찰이 다음 각 호의 어느 하나에 해당하는 때에는 대통령령으로 정하는 징계절차를 거쳐 징계처분을 하여야 한다.
> 1. 직무상의 의무를 위반하거나 직무를 태만히 한 때
> 2. 품위를 손상하는 행위를 한 때
> ② 청원경찰에 대한 징계의 종류는 파면, 해임, 정직, 감봉 및 견책으로 구분한다.
> ③ 청원경찰의 징계에 관하여 그 밖에 필요한 사항은 대통령령으로 정한다.

23 청원경찰법령상 청원경찰의 임용권자와 임용승인권자가 순서대로 바르게 연결된 것은?

① 청원주 – 지방경찰청장
② 청원주 – 경찰서장
③ 지방경찰청장 – 청원주
④ 경찰서장 – 청원주

> **TIP 》** ① 청원경찰은 청원주가 임용하되, 임용을 할 때에는 미리 지방경찰청장의 승인을 받아야 한다(법 제5조제1항).

24 청원경찰의 신분보장을 위한 규정이 아닌 것은?

① 의사에 반한 면직금지

② 해임명령권 보장

③ 특수경비원 배치를 목적으로 한 배치폐지의 금지

④ 배치폐지 또는 감축사유의 명시

> **TIP 》** ② 해임명령권 보장에 대한 규정은 없다.
> ① 청원경찰은 형의 선고, 징계처분 또는 신체상·정신상의 이상으로 직무를 감당하지 못할 때를 제외하고는 그 의사에 반하여 면직되지 아니한다(법 제10조의4 제1항).
> ③ 청원주는 청원경찰이 배치된 시설이 폐쇄되거나 축소되어 청원경찰의 배치를 폐지하거나 배치인원을 감축할 필요가 있다고 인정하면 청원경찰의 배치를 폐지하거나 배치인원을 감축할 수 있다. 다만, 청원주는 청원경찰을 대체할 목적으로 「경비업법」에 따른 특수경비원을 배치하는 경우 또는 청원경찰이 배치된 기관·시설 또는 사업장 등이 배치인원의 변동사유 없이 다른 곳으로 이전하는 경우에는 청원경찰의 배치를 폐지하거나 배치인원을 감축할 수 없다(법 제10조의5 제1항).
> ④ 청원주가 청원경찰을 폐지하거나 감축하였을 때에는 청원경찰 배치 결정을 한 경찰관서의 장에게 알려야 하며, 그 사업장이 지방경찰청장이 청원경찰의 배치를 요청한 사업장일 때에는 그 폐지 또는 감축 사유를 구체적으로 밝혀야 한다(법 제10조의5 제2항).

25 지방자치단체에 근무하는 청원경찰의 직무상 불법행위에 대한 배상책임의 근거법은?

① 국가배상법　　　　　　　　② 지방자치법

③ 청원경찰법　　　　　　　　④ 민법

> **TIP 》** ① 청원경찰의 직무상 불법행위에 대한 배상책임에 관하여는 「민법」의 규정을 따르지만, 국가기관이나 지방자치단체에 근무하는 청원경찰의 경우 직무상 불법행위에 대해서는 「국가배상법」의 적용을 받는다.

26 매월 1회 이상 청원경찰을 배치한 경비구역에 임하여 복무규율 및 근무상황, 무기관리 및 취급사항을 감독하여야 하는 자는?

① 청원주　　　　　　　　　　② 경비업자

③ 관할 파출소장　　　　　　　④ 관할 경찰서장

> **TIP 》** ④ 관할 경찰서장은 매달 1회 이상 청원경찰을 배치한 경비구역에 대해 감독을 하여야 한다(시행령 제17조).
> ※ **시행령 제17조(감독)**
> 관할 경찰서장은 매달 1회 이상 청원경찰을 배치한 경비구역에 대하여 다음 각 호의 사항을 감독하여야 한다.
> 1. 복무규율과 근무 상황
> 2. 무기의 관리 및 취급 사항

ANSWER 》 21.④　22.④　23.①　24.②　25.①　26.④

27 청원경찰법령상 청원주가 부담하여야 하는 청원경찰경비가 아닌 것은?

① 청원경찰의 의료비

② 청원경찰의 피복비

③ 청원경찰의 교육비

④ 청원경찰에게 지급할 봉급과 각종 수당

　　TIP 》　① 청원경찰의 의료비는 해당되지 않는다(법 제6조 제1항).

　　　　　※ 법 제6조(청원경찰경비) 제1항

　　　　　　청원주는 다음 각 호의 청원경찰경비를 부담하여야 한다.

　　　　　　1. 청원경찰에게 지급할 봉급과 각종 수당

　　　　　　2. 청원경찰의 피복비

　　　　　　3. 청원경찰의 교육비

　　　　　　4. 보상금 및 퇴직금

28 청원경찰법상 청원경찰의 당연퇴직 사유에 해당하는 것은?

① 금고 이상의 형의 선고유예를 받은 적이 있는 경우

② 직무상 의무에 위반하거나 직무를 태만히 한 경우

③ 청원경찰의 배치가 폐지되었을 경우

④ 청원경찰 임용의 신체조건에 미달되는 사유가 발생한 경우

　　TIP 》　③ 청원경찰의 배치가 폐지되었을 경우 당연퇴직 사유에 해당한다(법 제10조의6).

　　　　　※ 법 제10조의6(당연 퇴직)

　　　　　　청원경찰이 다음 각 호의 어느 하나에 해당할 때에는 당연 퇴직된다.

　　　　　　1. 제5조 제2항에 따른 임용결격사유에 해당될 때(「국가공무원법」 제33조 각 호의 어느 하나의 결격사유에 해당하는 경우를 말한다)

　　　　　　2. 제10조의5에 따라 청원경찰의 배치가 폐지되었을 때(청원경찰이 배치된 시설이 폐쇄되거나 축소되어 청원경찰의 배치를 폐지하거나 배치인원을 감축할 필요가 있는 경우를 말한다)

　　　　　　3. 나이가 60세가 되었을 때. 다만, 그 날이 1월부터 6월 사이에 있으면 6월 30일에, 7월부터 12월 사이에 있으면 12월 31일에 각각 당연 퇴직된다.

　　　　　※ 국가공무원법 제33조(결격사유)

　　　　　　다음 각 호의 어느 하나에 해당하는 자는 공무원으로 임용될 수 없다.

　　　　　　1. 피성년후견인 또는 피한정후견인

　　　　　　2. 파산선고를 받고 복권되지 아니한 자

　　　　　　3. 금고 이상의 실형을 선고받고 그 집행이 종료되거나 집행을 받지 아니하기로 확정된 후 5년이 지나지 아니한 자

　　　　　　4. 금고 이상의 형을 선고받고 그 집행유예 기간이 끝난 날부터 2년이 지나지 아니한 자

　　　　　　5. 금고 이상의 형의 선고유예를 받은 경우에 그 선고유예 기간 중에 있는 자

　　　　　　6. 법원의 판결 또는 다른 법률에 따라 자격이 상실되거나 정지된 자

　　　　　　6의2. 공무원으로 재직기간 중 직무와 관련하여 「형법」 제355조 및 제356조에 규정된 죄를 범한 자로서 300만 원 이상의 벌금형을 선고받고 그 형이 확정된 후 2년이 지나지 아니한 자

6의3. 「형법」 제303조 또는 「성폭력범죄의 처벌 등에 관한 특례법」 제10조에 규정된 죄를 범한 사람으로서 300만 원 이상의 벌금형을 선고받고 그 형이 확정된 후 2년이 지나지 아니한 자
7. 징계로 파면처분을 받은 때부터 5년이 지나지 아니한 자
8. 징계로 해임처분을 받은 때부터 3년이 지나지 아니한 자

29 청원경찰업무에 종사하는 자를 공무원으로 보는 경우는?

① 민법, 기타 법령의 적용시
② 경찰법의 적용시
③ 형법, 기타 법령에 의한 벌칙의 적용에 있어서
④ 경찰관직무집행법 및 법령에 의한 벌칙의 적용시

> **TIP》** ③ 청원경찰 업무에 종사하는 사람은 「형법」이나 그 밖의 법령에 따른 벌칙을 적용할 때에는 공무원으로 본다(법 제10조 제2항).

30 다음은 청원경찰법령상 과태료 부과기준에 관한 설명이다. ㉠과 ㉡에 들어갈 말은?

> 지방경찰청장은 위반행위의 동기·내용 및 위반의 정도 등을 고려하여 과태료 금액의 ㉠의 범위에서 그 금액을 줄이거나 늘릴 수 있다. 다만 늘리는 경우에는 ㉡을 초과할 수 없다.

	㉠	㉡
①	50%	500만 원
②	50%	300만 원
③	30%	500만 원
④	30%	300만 원

> **TIP》** ① 지방경찰청장은 위반행위의 동기, 내용 및 위반의 정도 등을 고려하여 과태료 금액의 100분의 50의 범위에서 그 금액을 줄이거나 늘릴 수 있다. 다만, 늘리는 경우에는 법 제12조 제1항에 따른 과태료 금액(500만 원 이하의 과태료)의 상한을 초과할 수 없다(시행령 제21조 제2항).

ANSWER 》 27.① 28.③ 29.③ 30.①

31 청원경찰법령상 500만 원 이하의 과태료 처분의 대상이 되는 자가 아닌 것은?

① 정당한 이유 없이 경찰청장이 고시한 최저부담기준액 이상의 보수를 지급하지 아니한 자
② 지방경찰청장의 승인을 받지 않고 청원경찰을 임용한 자
③ 지방경찰청장의 청원주에 대한 지도·감독상 필요한 명령을 정당한 이유없이 이행하지 아니한 자
④ 지방경찰청장에게 신청을 하지 않고 무기대여를 받으려는 자

> **TIP 》** ④는 해당되지 않는다(법 제12조 제1항).
>
> ※ **법 제12조(과태료)**
> ① 다음 각 호의 어느 하나에 해당하는 자에게는 500만 원 이하의 과태료를 부과한다.
>   1. 지방경찰청장의 배치 결정을 받지 아니하고 청원경찰을 배치하거나 지방경찰청장의 승인을 받지 아니하고 청원경찰을 임용한 자
>   2. 정당한 사유 없이 경찰청장이 고시한 최저부담기준액 이상의 보수를 지급하지 아니한 자
>   3. 감독상 필요한 명령을 정당한 사유 없이 이행하지 아니한 자
> ② 제1항에 따른 과태료는 대통령령으로 정하는 바에 따라 지방경찰청장이 부과·징수한다.

32 청원경찰법령상 청원경찰이 교육훈련이나 그 밖의 특수근무 중에 착용하거나 휴대하지 아니할 수 있는 것은?

① 기동모
② 기동복
③ 경찰봉
④ 휘장

> **TIP 》** ③ 청원경찰은 평상근무 중에는 정모, 근무복, 단화, 호루라기, 경찰봉 및 포승을 착용하거나 휴대하여야 하고, 총기를 휴대하지 아니할 때에는 분사기를 휴대하여야 하며, 교육훈련이나 그 밖의 특수근무 중에는 기동모, 기동복, 기동화 및 휘장을 착용하거나 부착하되, 허리띠와 경찰봉은 착용하거나 휴대하지 아니할 수 있다(시행규칙 제9조 제3항).
>
> ※ **시행규칙 제9조(복제)**
> ① 영 제14조에 따른 청원경찰의 제복·장구 및 부속물의 종류는 다음 각 호와 같다.
>   1. 제복 : 정모, 기동모, 근무복(하복, 동복), 성하복, 기동복, 점퍼, 비옷, 방한복, 외투, 단화, 기동화 및 방한화
>   2. 장구 : 허리띠, 경찰봉, 호루라기 및 포승
>   3. 부속물 : 모자표장, 가슴표장, 휘장, 계급장, 넥타이핀, 단추 및 장갑
> ② 영 제14조에 따른 청원경찰의 제복·장구 및 부속물의 제식과 재질은 다음 각 호와 같다.
>   1. 제복의 제식 및 재질은 청원주가 결정하되, 경찰공무원 또는 군인 제복의 색상과 명확하게 구별될 수 있어야 하며, 사업장별로 통일하여야 한다. 다만, 기동모와 기동복의 색상은 진한 청색으로 하고, 기동복의 제식은 별도 1과 같이 한다.
>   2. 장구의 제식과 재질은 경찰 장구와 같이 한다.
>   3. 부속물의 제식과 재질은 다음 각 목과 같이 한다.
>   가. 모자표장의 제식과 재질은 별도 2와 같이 하되, 기동모의 표장은 정모 표장의 2분의 1 크기로 할 것.
>   나. 가슴표장, 휘장, 계급장, 넥타이핀 및 단추의 제식과 재질은 별도 3부터 별도 7까지와 같이 할 것.
> ③ 청원경찰은 평상근무 중에는 정모, 근무복, 단화, 호루라기, 경찰봉 및 포승을 착용하거나 휴대하여야 하고, 총기를 휴대하지 아니할 때에는 분사기를 휴대하여야 하며, 교육훈련이나 그 밖의 특수근무 중에는 기동모, 기동복, 기동화 및 휘장을 착용하거나 부착하되, 허리띠와 경찰봉은 착용하거나 휴대하지 아니할 수 있다.

33 다음 중 청원주가 비치해야 할 부책에 해당하는 것은?

① 징계관계철   ② 감독순시부

③ 전출입관계철   ④ 징계요구서철

> **TIP »** ① 징계관계철은 청원주가 비치해야 한다(시행규칙 제17조 제1항).
> ※ **시행규칙 제17조(문서와 장부의 비치) 제1항**
> 청원주는 다음 각 호의 문서와 장부를 갖춰 두어야 한다.
> 1. 청원경찰 명부
> 2. 근무일지
> 3. 근무 상황카드
> 4. 경비구역 배치도
> 5. 순찰표철
> 6. 무기 · 탄약 출납부
> 7. 무기장비 운영카드
> 8. 봉급지급 조서철
> 9. 신분증명서 발급대장
> 10. 징계 관계철
> 11. 교육훈련 실시부
> 12. 청원경찰 직무교육계획서
> 13. 급여품 및 대여품 대장
> 14. 그 밖에 청원경찰의 운영에 필요한 문서와 장부

34 지방경찰청장이 관할 경찰서장에게 위임할 수 있는 권한이 아닌 것은?(단, 청원경찰을 배치하고 있는 사업장이 하나의 경찰서의 관할요구에 있는 경우로 한정한다)

① 청원경찰 배치의 결정 및 요청에 관한 권한

② 청원경찰의 임용에 관한 권한

③ 청원주에 대한 지도 및 감독상 필요한 명령에 관한 권한

④ 과태료 부과 · 징수에 관한 권한

> **TIP »** ② 청원경찰의 '임용'에 관한 권한이 아니라 청원경찰의 '임용승인'에 관한 권한이다(시행령 제20조 제2호).
> ※ **시행령 제20조(권한의 위임)**
> 지방경찰청장은 법 제10조의3에 따라 다음 각 호의 권한을 관할 경찰서장에게 위임한다. 다만, 청원경찰을 배치하고 있는 사업장이 하나의 경찰서의 관할구역에 있는 경우로 한정한다.
> 1. 청원경찰 배치의 결정 및 요청에 관한 권한
> 2. 청원경찰의 임용승인에 관한 권한
> 3. 청원주에 대한 지도 및 감독상 필요한 명령에 관한 권한
> 4. 과태료 부과 · 징수에 관한 권한

ANSWER 〉 31.④   32.③   33.①   34.②

35 청원경찰이 근무 중 적용받게 되는 법령은?

① 경찰법
② 경비업법
③ 소방법
④ 경찰관직무집행법

TIP》 ④ 청원경찰은 청원경찰의 배치 결정을 받은 자와 배치된 기관·시설 또는 사업장 등의 구역을 관할하는 경찰서장의 감독을 받아 그 경비구역만의 경비를 목적으로 필요한 범위에서 「경찰관 직무집행법」에 따른 경찰관의 직무를 수행한다(법 제3조).

36 다음 중 청원경찰에 대한 지방경찰청장의 권한이 아닌 것은?

① 청원경찰 배치결정
② 청원경찰의 배치변경 통보접수
③ 청원경찰의 무기휴대여부 결정
④ 청원경찰 임용승인

TIP》 ② 청원경찰을 신규로 배치하거나 이동배치하였을 때에는 배치지를 관할하는 경찰서장에게 그 사실을 통보하여야 한다(시행령 제6조 제1항).
① 청원경찰을 배치받으려는 자는 대통령령으로 정하는 바에 따라 관할 지방경찰청장에게 청원경찰 배치를 신청하여야 한다(법 제4조 제1항).
③ 지방경찰청장은 청원경찰이 직무를 수행하기 위하여 필요하다고 인정하면 청원주의 신청을 받아 관할 경찰서장으로 하여금 청원경찰에게 무기를 대여하여 지니게 할 수 있다(법 제8조 제2항).
④ 청원경찰은 청원주가 임용하되, 임용을 할 때에는 미리 지방경찰청장의 승인을 받아야 한다(법 제5조 제1항).
※ **시행령 제6조**(배치 및 이동)
① 청원주는 청원경찰을 신규로 배치하거나 이동배치하였을 때에는 배치지(이동배치의 경우에는 종전의 배치지)를 관할하는 경찰서장에게 그 사실을 통보하여야 한다.
② 제1항의 통보를 받은 경찰서장은 이동배치지가 다른 관할구역에 속할 때에는 전입지를 관할하는 경찰서장에게 이동배치한 사실을 통보하여야 한다.

37 청원경찰이 직무를 수행함에 있어서 직권을 남용하여 국민에게 해를 끼칠 경우 처벌은?

① 6월 이하의 징역이나 금고
② 1년 이하의 징역이나 금고
③ 2년 이하의 징역이나 금고
④ 3년 이하의 징역이나 금고

TIP》 ① 청원경찰이 직무를 수행할 때 직권을 남용하여 국민에게 해를 끼친 경우에는 6개월 이하의 징역이나 금고에 처한다(법 제10조 제1항).

38 청원경찰의 복제에 대한 설명 중 틀린 것은?

① 기동복·기동모의 색상은 검정색이다.

② 장구는 요대, 경찰봉, 호루라기, 포승으로 구분한다.

③ 장구의 제식 및 재질은 경찰장구와 같다.

④ 제복의 제식은 경찰복제와 같다.

> **TIP** 》 ① 기동모와 기동복의 색상은 진한 청색이다(시행규칙 제9조 제2항 제1호).

39 다음 설명 중 틀린 것은?

① 청원경찰의 임용자격, 임용방법, 교육, 보수 및 징계에 관하여는 대통령령으로 정한다.

② 청원경찰에 퇴직한 때에는 원칙적으로 「근로기준법」의 규정에 의한 퇴직금을 지급해야 한다.

③ 청원경찰경비의 봉급 등의 최저부담기준액이나 피복비, 교육비의 부담기준액은 경찰 청장이 정하여 고시한다.

④ 지방경찰청장은 청원경찰의 배치신청을 받은 때에는 지체 없이 그 배치여부를 결정 하여 신청인에게 통지해야 한다.

> **TIP** 》 ② 청원주는 청원경찰이 퇴직할 때에는 「근로자퇴직급여 보장법」에 따른 퇴직금을 지급하 여야 한다. 다만, 국가기관이나 지방자치단체에 근무하는 청원경찰의 퇴직금에 관하여 는 따로 대통령령으로 정한다(법 제7조의2).
> ① 청원경찰의 임용자격·임용방법·교육 및 보수에 관하여는 대통령령으로 정한다(법 제5 조 제3항).
> ③ 청원주의 봉급·수당의 최저부담기준액(국가기관 또는 지방자치단체에 근무하는 청원경 찰의 봉급·수당은 제외한다)과 피복비, 교육비에 따른 비용의 부담기준액은 경찰청장 이 정하여 고시한다(법 제6조 제3항).
> ④ 지방경찰청장은 청원경찰 배치 신청을 받으면 지체 없이 그 배치 여부를 결정하여 신청 인에게 알려야 한다(법 제4조 제2항).

40 청원경찰법령상 청원주는 청원경찰 배치결정의 통지를 받았을 때에는 통지를 받은 날부터 며칠 이내에 청원경찰에 대한 징계규정을 제정하여 관할 지방청장에게 신고하여야 하는가?

① 10일 이내 ② 15일 이내
③ 20일 이내 ④ 30일 이내

> **TIP** 》 ② 청원주는 청원경찰 배치 결정의 통지를 받았을 때에는 통지를 받은 날부터 15일 이내에 청원경찰에 대한 징계규정을 제정하여 관할 지방경찰청장에게 신고하여야 한다(시행령 제8 조 제5항).

ANSWER 〉 35.④ 36.② 37.① 38.① 39.② 40.②

41 A기업체 청원경찰의 보수산정과 관련하여 가장 우선시 되는 기준은?

① 경찰관 순경의 보수에 준해 지급

② 국가기관, 지방자치단체 근무자에 준해 지급

③ 당해 사업체의 유사직종근로자와 동일하게 지급

④ 당해 사업장의 취업규칙

> **TIP 》** ③ 국가기관 또는 지방자치단체에 근무하는 청원경찰 외의 청원경찰의 봉급과 각종 수당은
> 경찰청장이 고시한 최저부담기준액 이상으로 지급하여야 한다. 다만, 고시된 최저부담기준
> 액이 배치된 사업장에서 같은 종류의 직무나 유사 직무에 종사하는 근로자에게 지급하는
> 임금보다 적을 때에는 그 사업장에서 같은 종류의 직무나 유사 직무에 종사하는 근로자에
> 게 지급하는 임금에 상당하는 금액을 지급하여야 한다(시행령 제10조).

42 청원경찰법상 청원주가 무기 및 탄약을 지급해서는 안 되고 이미 지급된 무기 및 탄약도 회
수해야 하는 대상이 되지 않는 청원경찰은?

① 평소에 불평이 심하고 염세적인 사람

② 이혼경력이 있는 사람

③ 사의를 밝힌 사람

④ 변태적 성벽이 있는 사람

> **TIP 》** ② 이혼경력은 해당되지 않는다(시행규칙 제16조 제4항).
> ※ **시행규칙 제16조(무기관리 수칙) 제4항**
> 청원주는 다음 각 호의 어느 하나에 해당하는 청원경찰에게 무기와 탄약을 지급해서는
> 아니 되며, 지급한 무기와 탄약은 회수하여야 한다.
> 1. 직무상 비위로 징계 대상이 된 사람
> 2. 형사사건으로 조사 대상이 된 사람
> 3. 사의를 밝힌 사람
> 4. 평소에 불평이 심하고 염세적인 사람
> 5. 주벽이 심한 사람
> 6. 변태적 성벽이 있는 사람

43 청원주가 청원경찰에게 분사기를 휴대하여 직무를 수행하게 하기 전에 어떠한 법에 의한 소지허가를 획득하여야 하는가?

① 청원경찰법
② 형법
③ 경찰관직무집행법
④ 총포·도검·화약류등 단속법

> **TIP 》** ④ 청원주는 「총포·도검·화약류 등의 안전관리에 관한 법률」에 따른 분사기의 소지허가를 받아 청원경찰로 하여금 그 분사기를 휴대하여 직무를 수행하게 할 수 있다(시행령 제15조).

44 다음 중 청원경찰의 신분이 공무원으로 의제되는 경우는?

① 청원경찰이 형법 기타 법령에 의한 벌칙이 적용되는 경우
② 청원경찰이 경비구역내에서 경비근무를 실시하고 있는 경우
③ 청원경찰이 청원주에 의하여 배치된 기관에서 근무할 때
④ 청원경찰이 사업장 등의 경비구역을 관리할 때

> **TIP 》** ① 청원경찰은 「형법」이나 그 밖의 법령에 따른 벌칙을 적용하는 경우와 법 및 이 영에서 특별히 규정한 경우를 제외하고는 공무원으로 보지 아니한다(시행령 제18조).

45 다음 중 청원경찰이 청원경찰의 업무를 행하는 도중 경찰관직무집행법 및 동법 시행령에 따라 하여야 할 모든 보고를 서면으로 보고하기 전에 취하는 행동으로서 옳은 것은?

① 시간적인 여유를 두고 천천히 구두로 보고한다.
② 앞으로의 사건의 진행상황을 지켜보면서 꼭 필요하다고 생각될 때 구두로 보고한다.
③ 지체없이 구두로 보고한다.
④ 어떠한 내용도 즉각 보고하면, 나중의 책임이 문제됨으로 24시간 정도 시간을 두고 정리해 본 후 보고해도 된다.

> **TIP 》** ③ 청원경찰이 직무를 수행할 때에 「경찰관 직무집행법」 및 같은 법 시행령에 따라 하여야 할 모든 보고는 관할 경찰서장에게 서면으로 보고하기 전에 지체 없이 구두로 보고하고 그 지시에 따라야 한다(시행규칙 제22조).

ANSWER 》 41.③ 42.② 43.④ 44.① 45.③

02 통합방위법

1 통합방위법상 통합방위사태에 해당하는 것이 아닌 것은?

① 갑종사태

② 을종사태

③ 병종사태

④ 정종사태

> **TIP 》** ④ 통합방위사태란 적의 침투·도발이나 그 위협에 대응하여 선포하는 갑종, 을종, 병종 사
> 태를 말한다(법 제2조).
> ※ **통합방위법 제2조(정의)**
> 통합방위사태란 적의 침투·도발이나 그 위협에 대응하여 선포하는 단계별 다음의 사태
> 를 말한다.
>
> | 구분 | 내용 |
> |------|------|
> | 갑종사태 | 일정한 조직체계를 갖춘 적의 대규모 병력 침투 또는 대량살상무기 공격 등의 도발로 발생한 비상사태로서 통합방위본부장 또는 지역군사령관의 지휘·통제 하에 통합방위작전을 수행하여야 할 사태 |
> | 을종사태 | 일부 또는 여러 지역에서 적이 침투·도발하여 단기간 내에 치안이 회복되기 어려워 지역군사령관의 지휘·통제 하에 통합방위작전을 수행하여야 할 사태 |
> | 병종사태 | 적의 침투·도발 위협이 예상되거나 소규모의 적이 침투하였을 때에 지방경찰청장, 지역군사령관 또는 함대사령관의 지휘·통제 하에 통합방위작전을 수행하여 단기간 내에 치안이 회복될 수 있는 사태 |

2 일부 또는 여러 지역에서 적이 침투·도발하여 단기간 내에 치안이 회복되기 어려워 지역군
사령관의 지휘·통제 하에 통합방위작전을 수행하여야 할 사태는?

① 갑종사태   ② 을종사태

③ 병종사태   ④ 통합사태

> **TIP 》** ② 을종사태란 일부 또는 여러 지역에서 적이 침투·도발하여 단기간 내에 치안이 회복되
> 기 어려워 지역군사령관의 지휘·통제 하에 통합방위작전을 수행하여야 할 사태를 말한다
> (법 제2조 제7호).

3 다음 중 ㉠과 ㉡이 설명하는 것으로 알맞은 것은?

> ㉠ 적이 특정 임무를 수행하기 위하여 대한민국 국민 또는 영역에 위해를 가하는 모든 행위
> ㉡ 대한민국을 침투·도발할 것으로 예상되는 적의 침투·도발 능력과 기도가 드러난 상태

	㉠	㉡
①	도발	위협
②	도발	사태
③	위협	도발
④	방호	위협

> **TIP 》** ㉠ 도발이란 적이 특정 임무를 수행하기 위하여 대한민국 국민 또는 영역에 위해(危害)를 가하는 모든 행위를 말한다(법 제2조 제10호).
> ㉡ 위협이란 대한민국을 침투·도발할 것으로 예상되는 적의 침투·도발 능력과 기도(企圖)가 드러난 상태를 말한다(법 제2조 제11호).

4 중앙 통합방위협의회의 심의사항이 아닌 것은?

① 통합방위사태의 선포

② 을종사태 및 병종사태의 선포 또는 해제

③ 통합방위작전 지침

④ 통합방위 정책

> **TIP 》** ② 을종사태 및 병종사태의 선포 또는 해제는 시·도 협의회와 시·군·구 통합방위협의회(지역협의회)의 심의사항이다(법 제4조 제4항).
> ※ 법 제4조(중앙 통합방위협의회)
> ④ 중앙협의회는 다음 각 호의 사항을 심의한다.
>   1. 통합방위 정책
>   2. 통합방위작전·훈련 및 지침
>   3. 통합방위사태의 선포 또는 해제
>   4. 그 밖에 통합방위에 관하여 대통령령으로 정하는 사항

ANSWER 》 1.④ 2.② 3.① 4.②

5 통합방위법상 중앙 통합방위협의회의 소속은?

① 행정안전부장관

② 경찰청장

③ 국방부장관

④ 국무총리

> **TIP 》** ④ 국무총리 소속으로 중앙 통합방위협의회를 둔다(법 제4조 제1항).

6 다음 중 통합방위본부의 사무로 보기 어려운 것은?

① 통합방위 정책의 수립

② 통합방위 대비태세의 감독

③ 통합방위작전 및 훈련에 대한 지원계획의 수립 · 시행

④ 통합방위작전 계획의 수립

> **TIP 》** ③ 통합방위작전 및 훈련에 대한 지원계획의 수립 · 시행은 시 · 도 통합방위 지원본부와
> 시 · 군 · 구 · 읍 · 면 · 동 통합방위 지원본부의 사무이다(법 제8조).
> ※ 법 제8조(통합방위본부)
> ① 합동참모본부에 통합방위본부를 둔다.
> ② 통합방위본부에는 본부장과 부본부장 1명씩을 두되, 통합방위본부장은 합동참모의장
> 이 되고 부본부장은 합동참모본부 합동작전본부장이 된다.
> ③ 통합방위본부는 다음 각 호의 사무를 분장한다.
> 1. 통합방위 정책의 수립 · 조정
> 2. 통합방위 대비태세의 확인 · 감독
> 3. 통합방위작전 상황의 종합 분석 및 대비책의 수립
> 4. 통합방위작전, 훈련지침 및 계획의 수립과 그 시행의 조정 · 통제
> 5. 통합방위 관계기관 간의 업무 협조 및 사업 집행사항의 협의 · 조정

7 다음 중 소속이 올바르게 연결된 것은?

① 합동참모본부 - 통합방위본부, 시·도지사 - 시·도 통합방위 지원본부

② 합동참모본부 - 시·도 통합방위 지원본부, 시·도지사 - 통합방위본부

③ 경찰청 - 통합방위본부, 시·도지사 - 시·도 통합방위 지원본부

④ 국가정보원장 - 통합방위본부, 시·도지사 - 시·도 통합방위 지원본부

> **TIP 》** • 합동참모본부에 통합방위본부를 둔다(법 제8조 제1항).
> • 시·도지사 소속으로 시·도 통합방위 지원본부를 두고, 시장·군수·구청장·읍장·면장·동장 소속으로 시·군·구·읍·면·동 통합방위 지원본부를 둔다(법 제9조 제1항).

8 적의 침투·도발이나 그 위협이 예상될 경우 통합방위작전을 준비하기 위하여 경계태세를 발령할 수 없는 자는?

① 경기도 지역의 연대장급 지휘관

② 강원도 소재 경찰서장급 이상의 지휘관

③ 전라북도 소재 경찰지구대장급 이상의 지휘관

④ 충청남도 소재 공군부대 독립전대장급 지휘관

> **TIP 》** ③ 대통령령으로 정하는 군부대의 장 및 경찰관서의 장(발령권자)은 적의 침투·도발이나 그 위협이 예상될 경우 통합방위작전을 준비하기 위하여 경계태세를 발령할 수 있다(법 제11조 제1항).
> ※ 시행령 제21조(경계태세의 발령 및 해제)
> ① 법 제11조 제1항에서 "대통령령으로 정하는 군부대의 장 및 경찰관서의 장"이란 다음 각 호의 구분에 따른 사람을 말한다.
> 1. 서울특별시 외의 지역
>   가. 연대장급(해군·공군의 경우에는 독립전대장급) 이상의 지휘관
>   나. 경찰서장급 이상의 지휘관
> 2. 서울특별시 지역 : 대통령이 정하는 군부대의 장

ANSWER 〉 5.④ 6.③ 7.① 8.③

9 경계태세에 대한 사항으로 틀린 것은?

① 대통령령으로 정하는 군부대의 장은 적의 침투·도발이나 그 위협이 예상될 경우 통합방위작전을 준비하기 위하여 경계태세를 발령할 수 있다.

② 경계태세가 발령된 때에는 해당 지역의 국가방위요소는 적의 침투·도발이나 그 위협에 대응하기 위하여 필요한 지휘·협조체계를 구축하여야 한다.

③ 통합방위사태는 갑종사태, 을종사태 또는 병종사태로 구분하여 선포힌다.

④ 통합방위사태가 선포된 때에는 경계태세는 강화된 것으로 본다.

> **TIP 》** ④ 발령권자는 경계태세 상황이 종료되거나 상급 지휘관의 지시가 있는 경우 경계태세를 해제하여야 하고, 통합방위사태가 선포된 때에는 경계태세는 해제된 것으로 본다(법 제11조 제3항).

10 통합방위작전의 관할구역이 잘못 연결된 것은?

① 지상 관할구역 – 경찰관할지역

② 해상 관할구역 – 특정경비해역

③ 해상 관할구역 – 군관할지역

④ 공중 관할구역 – 일반공역

> **TIP 》** ③ 해상 관할구역은 특정경비해역 및 일반경비해역이 있다(법 제15조 제1항).
>
> ※ 법 제15조(통합방위작전)
>   ① 통합방위작전의 관할구역은 다음 각 호와 같이 구분한다.
>   1. 지상 관할구역 : 특정경비지역, 군관할지역 및 경찰관할지역
>   2. 해상 관할구역 : 특정경비해역 및 일반경비해역
>   3. 공중 관할구역 : 비행금지공역 및 일반공역

11 통합방위사태에 관한 내용으로 틀린 것은?

① 갑종사태에 해당하는 상황이 발생하였을 때 국방부장관은 즉시 국무총리를 거쳐 대통령에게 통합방위사태의 선포를 건의하여야 한다.

② 둘 이상의 시·도에 걸쳐 병종사태에 해당하는 상황이 발생하였을 때 행정안전부장관만이 선포를 건의할 수 있다.

③ 대통령은 건의를 받았을 때에는 중앙협의회와 국무회의의 심의를 거쳐 통합방위사태를 선포할 수 있다.

④ 지방경찰청장, 지역군사령관 또는 함대사령관은 을종사태나 병종사태에 해당하는 상황이 발생한 때에는 즉시 시·도지사에게 통합방위사태의 선포를 건의하여야 한다.

> **TIP 》** ② 둘 이상의 시·도에 걸쳐 병종사태에 해당하는 상황이 발생하였을 때는 행정안전부장관 또는 국방부장관이 즉시 국무총리를 거쳐 대통령에게 통합방위사태의 선포를 건의하여야 한다(법 제12조 제2항).
>
> ※ 법 제12조(통합방위사태의 선포)
>
> ① 통합방위사태는 갑종사태, 을종사태 또는 병종사태로 구분하여 선포한다.
>
> ② 제1항의 사태에 해당하는 상황이 발생하면 다음 각 호의 구분에 따라 해당하는 사람은 즉시 국무총리를 거쳐 대통령에게 통합방위사태의 선포를 건의하여야 한다.
>
> 　　1. 갑종사태에 해당하는 상황이 발생하였을 때 또는 둘 이상의 특별시·광역시·특별자치시·도·특별자치도에 걸쳐 을종사태에 해당하는 상황이 발생하였을 때: 국방부장관
>
> 　　2. 둘 이상의 시·도에 걸쳐 병종사태에 해당하는 상황이 발생하였을 때: 행정안전부장관 또는 국방부장관
>
> ③ 대통령은 제2항에 따른 건의를 받았을 때에는 중앙협의회와 국무회의의 심의를 거쳐 통합방위사태를 선포할 수 있다.
>
> ④ 지방경찰청장, 지역군사령관 또는 함대사령관은 을종사태나 병종사태에 해당하는 상황이 발생한 때에는 즉시 시·도지사에게 통합방위사태의 선포를 건의하여야 한다.
>
> ⑤ 시·도지사는 제4항에 따른 건의를 받은 때에는 시·도 협의회의 심의를 거쳐 을종사태 또는 병종사태를 선포할 수 있다.
>
> ⑥ 시·도지사는 제5항에 따라 을종사태 또는 병종사태를 선포한 때에는 지체 없이 행정안전부장관 및 국방부장관과 국무총리를 거쳐 대통령에게 그 사실을 보고하여야 한다.
>
> ⑦ 제3항이나 제5항에 따라 통합방위사태를 선포할 때에는 그 이유, 종류, 선포 일시, 구역 및 작전지휘관에 관한 사항을 공고하여야 한다.
>
> ⑧ 시·도지사가 통합방위사태를 선포한 지역에 대하여 대통령이 통합방위사태를 선포한 때에는 그 때부터 시·도지사가 선포한 통합방위사태는 효력을 상실한다.

12 통합방위사태 해제와 관련된 내용으로 적절하지 못한 것은?

① 대통령은 통합방위사태가 평상 상태로 회복되거나 국회가 해제를 요구하면 지체 없이 그 통합방위사태를 해제하고 그 사실을 공고하여야 한다.

② 대통령은 직권으로 통합방위사태를 해제할 수 있다.

③ 시·도지사는 통합방위사태가 평상 상태로 회복되거나 시·도의회에서 해제를 요구하면 지체 없이 통합방위사태를 해제하고 그 사실을 공고하여야 한다.

④ 함대사령관은 통합방위사태가 평상 상태로 회복된 때에는 시·도지사에게 통합방위사태의 해제를 건의하여야 한다.

> **TIP》** ② 대통령은 통합방위사태를 해제하려면 중앙협의회와 국무회의의 심의를 거쳐야 한다(법 제14조 제2항).
>
> ※ **법 제14조(통합방위사태의 해제)**
> ① 대통령은 통합방위사태가 평상 상태로 회복되거나 국회가 해제를 요구하면 지체 없이 그 통합방위사태를 해제하고 그 사실을 공고하여야 한다.
> ② 대통령은 제1항에 따라 통합방위사태를 해제하려면 중앙협의회와 국무회의의 심의를 거쳐야 한다. 다만, 국회가 해제를 요구한 경우에는 그러하지 아니한다.
> ③ 국방부장관 또는 행정안전부장관은 통합방위사태가 평상 상태로 회복된 때에는 국무총리를 거쳐 대통령에게 통합방위사태의 해제를 건의하여야 한다.
> ④ 시·도지사는 통합방위사태가 평상 상태로 회복되거나 시·도의회에서 해제를 요구하면 지체 없이 통합방위사태를 해제하고 그 사실을 공고하여야 한다. 이 경우 시·도지사는 그 통합방위사태의 해제사실을 행정안전부장관 및 국방부장관과 국무총리를 거쳐 대통령에게 보고하여야 한다.
> ⑤ 시·도지사는 제4항 전단에 따라 통합방위사태를 해제하려면 시·도 협의회의 심의를 거쳐야 한다. 다만, 시·도의회가 해제를 요구하였을 때에는 그러하지 아니한다.
> ⑥ 지방경찰청장, 지역군사령관 또는 함대사령관은 통합방위사태가 평상 상태로 회복된 때에는 시·도지사에게 통합방위사태의 해제를 건의하여야 한다.

13 통합방위법상 통합방위사태가 선포된 때에는 통합방위작전을 실시하여야 하는데 그 연결이 적절하지 못한 것은?

① 경찰관할지역 – 지방경찰청장

② 특정경비지역 – 공군작전사령관

③ 일반공역 – 공군작전사령관

④ 특정경비해역 – 함대사령관

> **TIP »** ② 특정경비지역 및 군관할지역은 지역군사령관이 통합방위작전을 수행한다(법 제15조 제2항).
> ※ 법 제15조(통합방위작전)
> ② 지방경찰청장, 지역군사령관 또는 함대사령관은 통합방위사태가 선포된 때에는 즉시 다음 각 호의 구분에 따라 통합방위작전(공군작전사령관의 경우에는 통합방위 지원작전)을 신속하게 수행하여야 한다. 다만, 을종사태가 선포된 경우에는 지역군사령관이 통합방위작전을 수행하고, 갑종사태가 선포된 경우에는 통합방위본부장 또는 지역군사령관이 통합방위작전을 수행한다.
> 1. 경찰관할지역 : 지방경찰청장
> 2. 특정경비지역 및 군관할지역 : 지역군사령관
> 3. 특정경비해역 및 일반경비해역 : 함대사령관
> 4. 비행금지공역 및 일반공역 : 공군작전사령관

14 통합방위법상 인명·신체에 대한 위해를 방지하기 위하여 필요한 통제구역에 관한 사항으로 틀린 것은?

① 경계태세 3급이 발령된 경우 시·도지사 또는 시장·군수·구청장은 필요한 통제구역을 설정할 수 있다.

② 교전 상황이 예측되어 작전요원이 아닌 사람의 출입통제가 요구되는 구역은 통제구역으로 정할 수 있다.

③ 작전요원이 아닌 사람의 출입으로 통합방위작전에 지장을 줄 우려가 있는 구역은 통제구역이 될 수 있다.

④ 시·도지사등은 통제구역을 설정하였을 때에는 통제구역의 설정기간, 설정구역, 설정사유와 통제구역에서의 금지·제한·퇴거명령의 내용 및 이를 위반한 사람에 대한 벌칙의 내용 등을 구체적으로 밝혀 관할구역 안의 해당 지방자치단체의 장에게 서면으로 통보한다.

> **TIP »** ① 적의 침투·도발 징후가 확실하여 경계태세 1급이 발령된 경우 시·도지사 또는 시장·군수·구청장은 필요한 통제구역을 설정할 수 있다(법 제16조 제1항).

15 통합방위사태의 단계별, 관할지역별 지휘체계가 잘못된 것은?

① 갑종사태가 선포된 때는 통합방위본부장 또는 지역군사령관이 모든 국가방위요소를 작전통제하여 통합방위작전을 수행한다.

② 을종사태가 선포된 때에는 지역군사령관이 모든 국가방위요소를 작전통제하여 통합방위작전을 수행한다.

③ 병종사태가 선포된 때에 경찰관할지역은 지방경찰청장이 민방위대 자원 및 지역군사령관으로부터 위임받은 군 작전요소를 작전통제하여 통합방위작전을 수행한다.

④ 병종사태가 선포된 때에 특정경비해역에는 지역군사령관이 관할지역 안의 모든 국가방위요소를 작전통제하여 통합방위작전을 수행한다.

> **TIP 》** ④ 병종사태가 선포된 때에 특정경비해역 및 일반경비해역에서 함대사령관이 관할해역 안의 모든 국가방위요소를 작전통제하여 통합방위작전을 수행한다(시행령 제25조 제1항 제3호 다목).
>
> ※ **시행령 제25조**(통합방위사태 선포 시의 지휘 및 협조 관계)
>   ① 법 제15조 제3항에 따른 통합방위사태의 단계별, 관할지역별 지휘체계는 다음 각 호의 구분에 따른다.
>   1. 갑종사태가 선포된 때 : 통합방위본부장 또는 지역군사령관이 모든 국가방위요소를 작전통제하여 통합방위작전을 수행한다.
>   2. 을종사태가 선포된 때 : 지역군사령관이 모든 국가방위요소를 작전통제하여 통합방위작전을 수행한다.
>   3. 병종사태가 선포된 때
>   가. 경찰관할지역 : 지방경찰청장이 민방위대 자원 및 지역군사령관으로부터 위임받은 군 작전요소를 작전통제하여 통합방위작전을 수행한다.
>   나. 특정경비지역 및 군관할지역 : 지역군사령관이 관할지역 안의 모든 국가방위요소를 작전통제하여 통합방위작전을 수행한다.
>   다. 특정경비해역 및 일반경비해역 : 함대사령관이 관할해역 안의 모든 국가방위요소를 작전통제하여 통합방위작전을 수행한다.

16 국가중요시설의 평시 경비 · 보안활동에 대한 지도 · 감독은?

① 통합방위위원장   ② 지역군사령관

③ 관계 행정기관의 장, 국가정보원장   ④ 지방경찰청장

> **TIP 》** ③ 국가중요시설의 평시 경비 · 보안활동에 대한 지도 · 감독은 관계 행정기관의 장과 국가정보원장이 수행한다(법 제21조 제3항).

17 시·도지사가 통합방위사태가 선포된 때에는 인명·신체에 대한 위해를 방지하기 위하여 즉시 작전지역에 있는 주민이나 체류 중인 사람에게 대피를 명할 경우 할 수 있는 방법으로 보기 어려운 것은?

① 전단 살포　　　　　　　　　② 유선방송 등의 방송

③ 비상연락망을 통한 구두전달　　④ 공항 폐쇄

> **TIP 》** ④ 시·도지사 또는 시장·군수·구청장은 통합방위사태가 선포된 때에는 인명·신체에 대한 위해를 방지하기 위하여 즉시 작전지역에 있는 주민이나 체류 중인 사람에게 대피할 것을 명할 수 있으며 대피방법에는 텔레비전·라디오 또는 유선방송 등의 방송 등이 있다(법 제17조 및 시행령 제28조).
>
> ※ **시행령 제28조(대피명령의 방법)**
> 　법 제17조제2항에서 "대통령령으로 정하는 방법"이란 다음 각 호의 방법을 말한다.
> 　1. 텔레비전·라디오 또는 유선방송 등의 방송
> 　2. 중앙 및 지방의 일간신문에의 게재
> 　3. 해당 지방자치단체의 인터넷 홈페이지에 게시
> 　4. 「정보통신망 이용촉진 및 정보호호 등에 관한 법률」에 따른 정보통신서비스 제공자의 인터넷 홈페이지에 게시
> 　5. 사회 관계망 서비스에 게시
> 　6. 전단 살포
> 　7. 비상연락망을 통한 구두전달
> 　8. 타종(打鐘), 경적(警笛) 또는 신호기(信號旗)의 게양
> 　9. 휴대전화 긴급 문자메시지

18 통합방위법상 시·도지사는 취약지역으로 선정·해제에 관한 내용이다. 다음 (　) 안에 들어갈 알맞은 것은?

> 　시·도지사는 간첩이나 무장공비가 침투한 사실이 있거나 이들이 숨어서 활동하기 쉬운 지역 등을 연 (　)회 분석하여 시·도 협의회의 심의를 거쳐 취약지역으로 선정하거나 선정된 취약지역을 해제할 수 있다. 이 경우 선정하거나 해제한 결과를 통합방위본부장에게 통보하여야 한다.

① 1　　　　　　　　　　　　　② 2

③ 3　　　　　　　　　　　　　④ 4

> **TIP 》** ① 시·도지사는 간첩이나 무장공비가 침투한 사실이 있거나 이들이 숨어서 활동하기 쉬운 지역 등을 연 1회 분석하여 시·도 협의회의 심의를 거쳐 취약지역으로 선정하거나 선정된 취약지역을 해제할 수 있다. 이 경우 선정하거나 해제한 결과를 통합방위본부장에게 통보하여야 한다(법 제22조 제1항).

ANSWER 》 15.④　16.③　17.④　18.①

19 다음 ( ) 안에 들어갈 알맞은 숫자는?

> 지역군사령관이 취약지역에 차단시설을 설치하여 민간인의 출입을 제한하려면 미리 시·도지사에게 그 사실을 통보하여야 하고, 별표의 표지를 철책 등의 차단시설에 ( ) 미터 이내의 간격으로 부착하여야 한다.

① 300

② 500

③ 700

④ 900

TIP 》 ① 지역군사령관이 취약지역에 차단시설을 설치하여 민간인의 출입을 제한하려면 미리 시·도지사에게 그 사실을 통보하여야 하고, 별표의 표지를 철책 등의 차단시설에 300미터 이내의 간격으로 부착하여야 한다(시행령 제35조 제1항).

20 통합방위 업무를 담당하는 공무원 또는 통합방위작전 및 훈련에 참여한 사람이 그 직무를 게을리하여 국가안전보장이나 통합방위 업무에 중대한 지장을 초래한 경우에는 그 소속 기관 또는 직장의 장에게 해당자의 명단을 통보하게 할 수 있는 자는?

① 국가정보원장

② 지역군사령관

③ 통합방위본부장

④ 지방경찰청장

TIP 》 ③ 통합방위본부장은 통합방위 업무를 담당하는 공무원 또는 통합방위작전 및 훈련에 참여한 사람이 그 직무를 게을리하여 국가안전보장이나 통합방위 업무에 중대한 지장을 초래한 경우에는 그 소속 기관 또는 직장의 장에게 해당자의 명단을 통보할 수 있다.

※ 법 제23조(문책 및 시정요구 등)

① 통합방위본부장은 통합방위 업무를 담당하는 공무원 또는 통합방위작전 및 훈련에 참여한 사람이 그 직무를 게을리하여 국가안전보장이나 통합방위 업무에 중대한 지장을 초래한 경우에는 그 소속 기관 또는 직장의 장에게 해당자의 명단을 통보할 수 있다.

② 제1항에 따른 통보를 받은 소속 기관 또는 직장의 장은 특별한 사유가 없으면 징계 등 적절한 조치를 하여야 하고, 그 결과를 통합방위본부장에게 통보하여야 한다.

③ 통합방위본부장은 국가중요시설에 대한 방호태세 유지를 위하여 필요하면 제21조 제1항 및 제2항에 따라 수립된 국가중요시설의 자체방호계획 및 방호지원계획의 시정을 요구할 수 있다.

21 통합방위법상 용어에 대한 설명 중 잘못된 것은?

① 침투 – 적이 특정 임무를 수행하기 위하여 대한민국 영역을 침범한 상태

② 국가중요시설 – 일부 지역에서 적이 침투·도발하여 단기간 내에 치안이 회복되기 어려워 지역군사령관의 지휘·통제 하에 통합방위작전을 수행하여야 할 시설

③ 통합방위사태 – 적의 침투·도발이나 그 위협에 대응하여 갑종사태, 을종사태, 병종사태로 선포하는 단계별 사태

④ 국가방위요소 – 통합방위작전의 수행에 필요한 방위전력

> **TIP 》** ② 국가중요시설이란 공공기관, 공항·항만, 주요 산업시설 등 적에 의하여 점령 또는 파괴되거나 기능이 마비될 경우 국가안보와 국민생활에 심각한 영향을 주게 되는 시설을 말한다(법 제2조 제13호).

22 중앙 통합방위협의회(중앙협의회)에 관한 사항으로 적절하지 못한 것은?

① 중앙협의회의 의장은 국무총리이다.

② 통합방위본부장은 중앙 통합방위회의의 의제, 참석 대상, 개최일시, 장소 및 회의 주관자를 선정하고 회의를 준비한다.

③ 중앙협의회에 간사 1명을 두고, 간사는 국토교통부장관이 된다.

④ 중앙협의회는 통합방위 정책, 통합방위작전·훈련 및 지침 등을 심의한다.

> **TIP 》** ③ 중앙협의회에 간사 1명을 두고, 간사는 통합방위본부의 부본부장이 된다(법 제4조 제3항).

23 다음 ( )에 들어갈 알맞은 것은?

> 중앙 통합방위협의회(중앙협의회)의 의장은 법 제3조 제1항 및 이 영 제2조 제1항에 따라 마련한 시책의 국가방위요소별 추진 실적을 평가하고 통합방위태세를 확립하기 위하여 중앙 통합방위회의를 ( )회 이상 개최한다.

① 연 1   ② 반기 1

③ 매월 1   ④ 매주 1

> **TIP 》** 중앙 통합방위협의회(중앙협의회)의 의장은 마련한 시책의 국가방위요소별 추진 실적을 평가하고 통합방위태세를 확립하기 위하여 중앙 통합방위회의를 연 1회 이상 개최한다(시행령 제3조 제1항).

ANSWER 》 19.① 20.③ 21.② 22.③ 23.①

24 직장 통합방위협의회(직장협의회)에 관한 내용으로 적절하지 못한 것은?

① 직장협의회는 해당 직장예비군 부대의 장과 해당 직장의 간부 중에서 의장이 지명하는 사람으로 구성한다.

② 분대급 이상의 예비군 부대가 편성된 직장부터 직장 통합방위협의회를 둘 수 있다.

③ 직장협의회의 회의는 정기회의와 임시회의로 구분하되, 정기회의는 분기마다 한 차례 소집하는 것을 원칙으로 하고, 임시회의는 의장이 필요하다고 인정할 때에 소집하며, 회의는 재적위원 과반수의 출석과 출석위원 과반수의 찬성으로 의결한다.

④ 직장협의회는 해당 직장예비군 부대의 장과 해당 직장의 간부 중에서 의장이 지명하는 사람으로 구성한다.

> **TIP** 》 ② 중대급 이상의 예비군 부대가 편성된 직장에 직장 통합방위협의회를 둔다(법 제6조 제1항).
> ※ **시행령 제9조**(직장협의회를 두는 직장의 범위)
> 법 제6조 제2항에 따라 직장 통합방위협의회를 두어야 하는 직장의 범위는 다음과 같다.
> 1. 중대급 이상의 예비군 부대가 편성된 직장(소대급의 직장예비군 자원이 있는 직장도 원하는 경우에는 직장협의회를 둘 수 있다)
> 2. 법 제21조제4항에 따라 지정된 국가중요시설인 직장

25 통합방위종합상황실에 대한 내용으로 틀린 것은?

① 통합방위 종합상황실은 국군통합방위사령실로 통합하여 운영한다.

② 통합방위본부에는 본부장과 부본부장 1명씩을 두되, 통합방위본부장은 합동참모의장이 되고 부본부장은 합동참모본부 합동작전본부장이 된다.

③ 통합방위 종합상황실은 통합방위사태가 선포된 때와 통합방위태세의 확립을 위한 주요 훈련을 실시할 때에 운영한다.

④ 인접한 둘 이상의 시·군 또는 자치구를 하나의 군부대나 경찰서가 관할하고 있는 경우에는 해당 시·군 또는 자치구의 합동상황실은 하나의 장소에 통합하여 설치할 수 있다.

> **TIP** 》 ① 통합방위 종합상황실은 각 통합방위 지원본부의 상황실과 군·경합동상황실(합동상황실)로 구성한다. 합동상황실은 각 통합방위 지원본부에 설치하는 것을 원칙으로 하되, 분리하여 설치하는 경우에는 지휘, 통신 및 협조의 용이성과 지역의 특성 등을 고려하여 군부대 또는 국가경찰관서 중 가장 효과적인 장소에 설치하여야 한다(시행령 제14조).

26 통합방위 지원본부에 관한 사항으로 적절하지 못한 것은?

① 시·도지사 소속으로 시·도 통합방위 지원본부를 둔다.

② 각 통합방위 지원본부는 상황실과 분야별 지원반으로 구성한다.

③ 분야별 지원반은 총괄, 인력·재정 동원, 산업·수송·장비 동원, 의료·구호, 보급·급식, 통신·전산, 홍보 등의 분야로 구성하되, 각 지역별 특성에 적합하도록 조정할 수 있다.

④ 각 통합방위 지원본부의 본부장은 특별시·광역시·특별자치시·도·특별자치도·시·군·자치구의 경우에는 읍장·면장·동장이 된다.

> **TIP** 》 ④ 각 통합방위 지원본부의 본부장은 특별시·광역시·특별자치시·도·특별자치도·시·군·자치구의 경우에는 부기관장이 되고, 읍·면·동의 경우에는 각각 읍장·면장·동장이 된다(시행령 제18조 제3항).

27 경계태세의 발령과 해제에 관한 사항으로 적절하지 못한 것은?

① 경계태세는 갑종사태, 을종사태, 병종사태로 구분한다.

② 경계태세가 발령된 때에는 해당 지역의 국가방위요소는 적의 침투·도발이나 그 위협에 대응하기 위하여 필요한 지휘·협조체계를 구축하여야 한다.

③ 지휘관이나 군부대의 장(발령권자)은 통신 두절 등 불가피한 사유가 없으면 차상급 지휘관에게 보고한 후 경계태세를 발령하거나 해제하여야 한다.

④ 지역군사령관, 지방경찰청장, 함대사령관, 지방해양경비안전본부장은 평시부터 적의 침투·도발에 대비하여 상호 연계된 각각의 작전계획을 수립하여야 한다.

> **TIP** 》 ① 경계태세는 적의 침투·도발 상황을 고려하여 경계태세 3급, 경계태세 2급, 경계태세 1급으로 구분하여 발령할 수 있다(시행령 제22조 제1항). 통합방위사태는 갑종사태, 을종사태 또는 병종사태로 구분하여 선포한다.

28 통제구역의 출입 금지·제한 또는 퇴거명령을 위반한 사람의 처벌은?

① 300만 원 이하의 벌금
② 1000만 원 이하의 벌금
③ 1년 이하의 징역 또는 1천만 원 이하의 벌금
④ 3년 이하의 징역 또는 3천만 원 이하의 벌금

> **TIP 》** ③ 통제구역의 출입 금지·제한 또는 퇴거명령을 위반한 사람은 1년 이하의 징역 또는 1천만 원 이하의 벌금에 처한다(법 제24조 제1항).

29 통합방위사태에 관한 설명으로 적절하지 못한 것은?

① 시·도지사는 통합방위사태를 선포한 때에는 지체 없이 그 사실을 시·도의회에 통고하여야 한다.
② 대통령 또는 시·도지사가 통합방위사태 통고를 할 때에 국회 또는 시·도의회가 폐회 중이면 통고를 생략할 수 있다.
③ 국방부장관 또는 행정안전부장관은 통합방위사태가 평상 상태로 회복된 때에는 국무총리를 거쳐 대통령에게 통합방위사태의 해제를 건의하여야 한다.
④ 작전지휘관은 통합방위작전 전반에 대하여 책임을 지며, 국가방위요소가 통합되고 상호 연계된 각각의 통합방위작전 계획을 수립·시행한다.

> **TIP 》** ② 대통령 또는 시·도지사가 통합방위사태 통고를 할 때에 국회 또는 시·도의회가 폐회 중이면 그 소집을 요구하여야 한다(법 제13조 제3항).

30 적의 침투가 예상되는 지역에 설치된 검문소 운용에 관한 내용으로 잘못된 것은?

① 지방경찰청장, 지방해양경비안전본부장, 지역군사령관 및 함대사령관은 관할구역에서 적의 침투가 예상되는 공항·항만 등 지상과 해상의 교통 요충지에 검문소를 설치·운용할 수 있다.

② 지방경찰청장등은 합동검문소를 설치하려면 인접지역의 국가경찰관서 및 군부대와 검문소 간의 유선 및 무선 통신망을 미리 구성하고 차단물을 확보하는 등 필요한 대비책을 마련하여야 한다.

③ 통합방위작전의 임무를 수행하는 작전임무수행자는 거동이 수상한 사람이나 주위의 사정을 합리적으로 판단하여 거동이 수상하다고 의심할 만한 상당한 이유가 있는 사람을 「경찰관직무집행법」에 따라 정지시켜 질문할 수 있다.

④ 작전임무수행자는 질문을 할 때에 상대방이 흉기나 총기를 지니고 있는지를 조사할 수 있다.

> **TIP 》** ③ 통합방위작전의 임무를 수행하는 작전임무수행자는 거동이 수상한 사람이나 주위의 사정을 합리적으로 판단하여 거동이 수상하다고 의심할 만한 상당한 이유가 있는 사람을 정지시켜 질문할 수 있다. 「경찰관직무집행법」에 따른다는 규정은 없다(시행령 제26조 제1항).

ANSWER 〉 28.③ 29.② 30.③

03 원자력시설 등의 방호 및 방사능 방재 대책법

1 원자력시설 등의 방호 및 방사능 방재 대책법의 목적으로 가장 먼 것은?

① 핵물질과 원자력시설을 안전하게 관리ㆍ운영

② 물리적방호체제 및 방사능재난 예방 체제 수립

③ 국내외에서 방사능재난이 발생한 경우 효율적으로 대응하기 위한 관리체계 확립

④ 원자력발전 기술의 선도와 해외 원자력발전 시장 진출

> **TIP 》** 이 법은 핵물질과 원자력시설을 안전하게 관리ㆍ운영하기 위하여 물리적방호체제 및 방사능재난 예방체제를 수립하고, 국내외에서 방사능재난이 발생한 경우 효율적으로 대응하기 위한 관리체계를 확립함으로써 국민의 생명과 재산을 보호함을 목적으로 한다(법 제1조).

2 다음 중 용어의 정의가 옳지 않은 것은?

① "핵물질"이란 우라늄, 토륨 등 원자력을 발생할 수 있는 물질과 우라늄광, 토륨광, 그 밖의 핵연료물질의 원료가 되는 물질 중 대통령령으로 정하는 것을 말한다.

② "원자력시설"이란 발전용 원자로, 연구용 원자로, 핵연료 주기시설, 방사성폐기물의 저장ㆍ처리ㆍ처분시설, 핵물질 사용시설, 그 밖에 대통령령으로 정하는 원자력 이용과 관련된 시설을 말한다.

③ "불법이전"이란 정당한 권한 없이 핵물질을 수수(授受)ㆍ소지ㆍ소유ㆍ보관ㆍ사용ㆍ운반ㆍ개조ㆍ처분 또는 분산하는 것을 말한다.

④ "방사선재난"이란 방사성물질 또는 방사선이 누출되거나 누출될 우려가 있어 긴급한 대응 조치가 필요한 상황을 말한다.

> **TIP 》** ④ "방사선재난"이란 방사선비상이 국민의 생명과 재산 및 환경에 피해를 줄 수 있는 상황으로 확대되어 국가적 차원의 대처가 필요한 재난을 말한다. 방사성물질 또는 방사선이 누출되거나 누출될 우려가 있어 긴급한 대응 조치가 필요한 상황은 "방사선비상"이다.

3 핵물질과 원자력시설에 대한 안팎의 위협을 사전에 방지하고, 위협이 발생한 경우 신속하게 탐지하여 적절한 대응조치를 하며, 사고로 인한 피해를 최소화하기 위한 물리적방호시책에 포함되어야 하는 사항이 아닌 것은?

① 핵물질의 합법이전에 대한 방호

② 분실되거나 도난당한 핵물질을 찾아내고 회수하기 위한 대책

③ 원자력시설등에 대한 사보타주의 방지

④ 원자력시설등에 대한 사보타주에 따른 방사선 영향에 대한 대책

> **TIP 》** 물리적방호시책에는 다음 각 호의 사항이 포함되어야 한다(법 제3조 제2항).
> 1. 핵물질의 불법이전에 대한 방호
> 2. 분실되거나 도난당한 핵물질을 찾아내고 회수하기 위한 대책
> 3. 원자력시설등에 대한 사보타주의 방지
> 3의2. 전자적 침해행위의 방지
> 4. 원자력시설등에 대한 사보타주에 따른 방사선 영향에 대한 대책
> 5. 전자적 침해행위에 따른 방사선 영향에 대한 대책

4 원자력시설등의 방사선비상의 종류가 아닌 것은?

① 백색비상   ② 청색비상

③ 적색비상   ④ 흑색비상

> **TIP 》** 원자력시설등의 방사선비상의 종류는 사고의 정도와 상황에 따라 백색비상, 청색비상 및 적색비상으로 구분한다(법 제17조 제1항).
> ※ 방사선비상의 종류에 대한 기준
>
> | 구분 | 기준 |
> |------|------|
> | 백색비상 | 방사성물질의 밀봉상태의 손상 또는 원자력시설의 안전상태 유지를 위한 전원 공급기능에 손상이 발생하거나 발생할 우려가 있는 등의 사고로서 방사성물질의 누출로 인한 방사선영향이 원자력시설의 건물 내에 국한될 것으로 예상되는 비상사태 |
> | 청색비상 | 백색비상에서 안전상태로의 복구기능의 저하로 원자력시설의 주요 안전기능에 손상이 발생하거나 발생할 우려가 있는 등의 사고로서 방사성물질의 누출로 인한 방사선영향이 원자력시설 부지 내에 국한될 것으로 예상되는 비상사태 |
> | 적색비상 | 노심의 손상 또는 용융 등으로 원자력시설의 최후방벽에 손상이 발생하거나 발생할 우려가 있는 사고로서 방사성물질의 누출로 인한 방사선영향이 원자력시설 부지 밖으로 미칠 것으로 예상되는 비상사태 |

5 핵물질의 등급별 분류에 따를 때 미조사(未照射) 형태의 플루토늄 500g은 어디에 해당되는가?

① 등급 I

② 등급 II

③ 등급 III

④ 등급 IV

TIP ≫

핵물질		등급		
물질	형태	등급 I	등급 II	등급 III
플루토늄	미조사(未照射)	2kg 이상	500g 초과 2kg 미만	15g 초과 500g 이하
우라늄 235	우라늄 235의 농축도가 20% 이상인 미조사 우라늄	5kg 이상	1kg 초과 5kg 미만	15g 초과 1kg 이하
	우라늄 235의 농축도가 10% 이상 20% 미만인 미조사 우라늄		10kg 이상	1kg 초과 10kg 미만
	우라늄 235의 농축도가 천연우라늄의 농축도 초과 10% 미만인 미조사 우라늄			10kg 이상
우라늄 233	미조사	2kg 이상	500g 초과 2kg 미만	15g 초과 500g 이하
조사된 연료			핵분열성물질 10% 미만의 감손우라늄, 천연우라늄, 토륨 또는 저농축연료	

6 방사능방재계획의 수립에 대한 설명으로 옳지 않은 것은?

① 원자력안전위원회는 대통령령으로 정하는 바에 따라 방사선비상 및 방사능재난 업무에 관한 계획을 수립하여 국무총리에게 제출하고, 국무총리는 이를 「재난 및 안전관리기본법」에 따른 중앙안전관리위원회의 심의를 거쳐 확정한 후 관계 중앙행정기관의 장에게 통보하여야 한다.

② 원자력안전위원회는 확정된 국가방사능방재계획을 방사선비상계획구역의 전부 또는 일부를 관할하는 시·도지사, 시장·군수·구청장에게 통보하여야 한다.

③ 지역방사능방재계획을 수립한 시·도지사 및 시장·군수·구청장은 이를 중앙안전관리위원회에 제출하고 관할구역의 지정기관의 장에게 알려야 한다.

④ 원자력안전위원회는 지역방사능방재계획이 방사능재난등의 대응·관리에 충분하지 아니하다고 인정할 때에는 해당 지방자치단체의 장에게 그 시정 또는 보완을 요구할 수 있다.

7 다음은 원자력시설 등의 방호 및 방사능 방재 대책법에 따른 긴급보호조치계획구역에 대한 설명이다. 빈칸에 들어갈 내용으로 적절한 것은?

> 원자력안전위원회는 원자력시설별로 방사선비상계획구역 설정의 기초가 되는 지역을 정하여 고시하여야 한다. 이 경우 원자력시설이 발전용 원자로 및 관계시설인 경우에는 발전용 원자로 및 관계시설이 설치된 지점으로부터 반지름 _____가 되는 지역을 긴급보호조치계획구역으로 정하여 고시하여야 한다.

① 10킬로미터 이상 20킬로미터 이하

② 20킬로미터 이상 30킬로미터 이하

③ 30킬로미터 이상 40킬로미터 이하

④ 40킬로미터 이상 50킬로미터 이하

TIP 》 법 제20조의2 제1항(방사선비상계획구역 설정 등)
① 원자력안전위원회는 원자력시설별로 방사선비상계획구역 설정의 기초가 되는 지역을 정하여 고시하여야 한다. 이 경우 원자력시설이 발전용 원자로 및 관계시설인 경우에는 다음 각 호의 기준에 따라야 한다.
1. 예방적보호조치구역 : 발전용 원자로 및 관계시설이 설치된 지점으로부터 반지름 3킬로미터 이상 5킬로미터 이하
2. 긴급보호조치계획구역 : 발전용 원자로 및 관계시설이 설치된 지점으로부터 반지름 20킬로미터 이상 30킬로미터 이하

ANSWER 》 5.③ 6.③ 7.②

8 다음 중 대통령령으로 정하는 소규모 원자력사업자에게 적용하는 의무가 아닌 것은?

① 방사능재난등에 대비하기 위한 기구의 설치 · 운영

② 발생한 방사능재난등에 관한 정보의 공개

③ 방사선사고 확대 방지를 위한 응급조치 및 응급조치요원 등의 방사선 피폭을 줄이기 위하여 필요한 방사선방호조치

④ 지역방사능방재대책본부의 장과 지정기관의 장의 요청이 있는 경우 방재요원의 파견, 기술적 사항의 자문, 방사선측정장비 등의 대여 등 지원

> **TIP** 》 법 제21조 제1항(원자력사업자의 의무 등)
> ① 원자력사업자는 방사능재난등의 예방, 그 확산 방지 및 수습을 위하여 다음 각 호의 조치를 하여야 한다. 다만, 대통령령으로 정하는 소규모 원자력사업자에게는 제2호와 제6호를 적용하지 아니한다.
> 1. 방사선비상이 발생한 경우 해당 방사선비상계획으로 정한 절차에 따라 원자력안전위원회, 관할 시 · 도지사 및 시장 · 군수 · 구청장에게 보고
> 2. 방사능재난등에 대비하기 위한 기구의 설치 · 운영
> 3. 발생한 방사능재난등에 관한 정보의 공개
> 4. 방사선사고 확대 방지를 위한 응급조치 및 응급조치요원 등의 방사선 피폭을 줄이기 위하여 필요한 방사선방호조치
> 5. 제27조에 따른 지역방사능방재대책본부의 장과 지정기관의 장의 요청이 있는 경우 방재요원의 파견, 기술적 사항의 자문, 방사선측정장비 등의 대여 등 지원
> 6. 방사능재난등에 대비한 업무를 전담하기 위한 인원과 조직의 확보
> 7. 그 밖에 방사능재난등의 대처에 필요하다고 인정하여 대통령령으로 정하는 사항 : 원자력시설의 부지 내에서 방사능재난등으로 인하여 방사능에 오염되거나 방사선에 피폭된 자와 원자력사업자의 종업원 중 방사능에 오염되거나 방사선에 피폭된 자에 대한 응급조치를 말한다(시행령 제24조).

9 원자력시설 등의 방호 및 방사능 방재 대책법에서 규정하고 있는 방사능사고 신고 기관으로 가장 거리가 먼 것은?

① 원자력안전위원회　　　　　② 지방자치단체

③ 경찰관서　　　　　　　　　④ 인근 병원

> **TIP** 》 누구든지 원자력시설 외의 장소에서 방사성물질 운반차량 · 선박 등의 화재 · 사고 또는 방사성물질이나 방사성물질로 의심되는 물질을 발견하였을 때에는 지체 없이 원자력안전위원회, 지방자치단체, 소방관서, 경찰관서 또는 인근 군부대 등에 신고하여야 한다(법 제22조 제1항).

10 원자력안전위원회가 방사능재난이 발생한 것을 선포해야 하는 기준으로 옳지 않은 것은?

① 전신선량을 기준으로 시간당 10밀리시버트 이상인 경우

② 갑상선선량을 기준으로 시간당 50밀리시버트 이상인 경우

③ 원자력시설 부지 경계에서 측정한 공간방사선량률이 시간당 0.5렌트겐 이상인 경우

④ 오염도가 시간당 1 렌트겐 이상에 상당하는 경우

> **TIP 》** 법 제23조(방사능재난의 선포 및 보고)
> ① 원자력안전위원회는 다음 각 호의 어느 하나에 해당하는 방사능재난이 발생하였을 때에는 지체 없이 방사능재난이 발생한 것을 선포하여야 한다.
> 1. 측정 또는 평가한 피폭방사선량이 대통령령으로 정하는 기준 이상인 경우
> 2. 측정한 공간방사선량률 또는 오염도가 대통령령으로 정하는 기준 이상인 경우
> 3. 그 밖에 원자력안전위원회가 방사능재난의 발생을 선포할 필요가 있다고 인정하는 경우
> ※ 시행령 제25조(방사능재난 발생의 선포기준)
> ① 법 제23조 제1항 제1호에서 "대통령령이 정하는 기준 이상인 경우"라 함은 원자력시설 부지 경계에서 측정 또는 평가한 피폭방사선량이 다음 각 호의 어느 하나에 해당하는 경우를 말한다.
> 1. 전신선량을 기준으로 시간당 10밀리시버트 이상인 경우
> 2. 갑상선선량을 기준으로 시간당 50밀리시버트 이상인 경우
> ② 법 제23조 제1항 제2호에서 "대통령령이 정하는 기준 이상인 경우"라 함은 원자력시설 부지 경계에서 측정한 공간방사선량률이 시간당 1렌트겐 이상인 경우 또는 오염도가 시간당 1렌트겐 이상에 상당하는 경우를 말한다.

11 중앙방사능방재대책본부의 장은?

① 원자력안전위원회 위원장

② 경찰청장

③ 소방청장

④ 행정안전부의 재난안전관리사무를 담당하는 본부장

> **TIP 》** 법 제25조(중앙방사능방재대책본부의 설치)
> ① 원자력안전위원회는 방사능방재에 관한 긴급대응조치를 하기 위하여 그 소속으로 중앙방사능방재대책본부를 설치하여야 한다.
> ② 중앙본부의 장은 원자력안전위원회 위원장이 되며, 중앙본부의 위원은 기획재정부차관, 교육부차관, 과학기술정보통신부차관, 외교부차관, 국방부차관, 행정안전부차관, 농림축산식품부차관, 산업통상자원부차관, 보건복지부차관, 환경부차관, 국토교통부차관, 해양수산부차관, 국무조정실 차장, 식품의약품안전처장, 경찰청장, 소방청장, 기상청장, 해양경찰청장, 행정안전부의 재난안전관리사무를 담당하는 본부장과 대통령령으로 정하는 중앙행정기관의 공무원 또는 관련 기관·단체의 장이 된다.

ANSWER 〉 8.① 9.④ 10.③ 11.①

12 원자력사업자가 확보하여야 하는 방사능재난 대응시설 및 장비가 아닌 것은?

① 방사선 또는 방사능 감시 시설
② 방사능오염 제거 시설 및 장비
③ 방사선 방호장비
④ 방사능방재 교육 시설

> **TIP 》** 법 제35조(방사능재난 대응시설 등)
> ① 원자력사업자는 다음 각 호에 해당하는 시설 및 장비를 확보하여야 한다. 다만, 대통령령으로 정하는 소규모 원자력사업자에게는 제4호와 제5호를 적용하지 아니한다.
> 1. 방사선 또는 방사능 감시 시설
> 2. 방사선 방호장비
> 3. 방사능오염 제거 시설 및 장비
> 4. 방사성물질의 방출량 감시 및 평가 시설
> 5. 주제어실, 비상기술지원실, 비상운영지원실, 비상대책실 등 비상대응 시설
> 6. 관련 기관과의 비상통신 및 경보 시설
> 7. 그 밖에 방사능재난의 대처에 필요하다고 인정하여 원자력안전위원회가 정하는 시설

13 방사능방재훈련에 대한 설명으로 옳지 않은 것은?

① 원자력안전위원회는 3년마다 대통령령으로 정하는 바에 따라 관계 중앙행정기관이 함께 참여하는 방사능방재훈련을 실시하여야 한다.
② 원자력사업자는 총리령으로 정하는 바에 따라 방사능방재훈련계획을 수립하여 원자력안전위원회의 승인을 받아 시행하여야 한다.
③ 원자력사업자는 총리령으로 정하는 바에 따라 방사능방재훈련계획을 수립하여 원자력안전위원회의 승인을 받아 시행하여야 한다.
④ 방사선비상계획구역의 전부 또는 일부를 관할하는 시·도지사 및 시장·군수·구청장은 방사능방재훈련을 실시하고, 원자력사업자는 방사능방재훈련을 실시한 후 그 결과를 원자력안전위원회에 보고하여야 한다.

> **TIP 》** ① 원자력안전위원회는 5년마다 대통령령으로 정하는 바에 따라 관계 중앙행정기관이 함께 참여하는 방사능방재훈련을 실시하여야 한다(법 제37조 제1항).

14 방사능방재훈련 실시에 대한 설명으로 옳지 않은 것은?

① 방사능방재훈련을 실시하여야 하는 시장·군수·구청장은 시·군·구 방사능방재훈련계획을 훈련 실시 45일 전까지 시·도지사에게 제출하여야 한다.

② 시장·군수·구청장으로부터 시·군·구 방사능방재훈련계획을 제출받은 시·도지사는 이를 종합하여 조정한 시·도 방사능방재훈련계획을 훈련 실시 2주 전까지 원자력안전위원회에 제출하여야 한다.

③ 관할구역에 소재하는 지정기관 및 원자력사업자가 참여하는 방사능방재훈련은 2년에 1회 이상 실시한다.

④ 교통 통제, 주민 상황전파, 옥내대피·소개(疏開), 방호약품 배포, 구호소 운영 등 주민보호 조치 관련사항 중 특정분야에 대한 집중훈련은 매년 1회 이상 실시한다.

> **TIP 》** ② 시장·군수·구청장으로부터 시·군·구 방사능방재훈련계획을 제출받은 시·도지사는 이를 종합하여 조정한 시·도 방사능방재훈련계획을 훈련 실시 1개월 전까지 원자력안전위원회에 제출하여야 한다(시행령 제35조 제3항).

15 국가방사선비상진료체제를 구성하는 기관이 아닌 것은?

① 국가방사선비상진료센터 ② 1차 방사선비상진료기관
③ 2차 방사선비상진료기관 ④ 3차 방사선비상진료기관

> **TIP 》** 국가방사선비상진료체제는 「방사선 및 방사성동위원소 이용진흥법」 제13조의2에 따른 한국원자력의학원에 설치하는 국가방사선비상진료센터와 원자력안전위원회가 전국의 권역별로 지정하는 1차 및 2차 방사선비상진료기관으로 구성된다(법 제39조 제2항).

16 다음 중 그 처벌 수위가 가장 높은 사람은?

① 물리적방호에 대하여 원자력안전위원회의 검사를 받지 아니한 자
② 핵물질을 수출하거나 수입한 자
③ 방사선방호조치를 하지 아니한 원자력사업자
④ 지정기관의 장에게 알리지 아니하고 방사선비상계획을 수립한 자

> **TIP 》** ① 3년 이하의 징역 또는 3천만 원 이하의 벌금
> ② 10년 이하의 징역
> ③ 1년 이하의 징역 또는 1천만 원 이하의 벌금
> ④ 1천만 원 이하의 과태료

ANSWER 〉 12.④ 13.① 14.② 15.④ 16.②

17 방사능재난 사후대책에 포함되어야 하는 사항이 아닌 것은?

① 방사능재난 발생구역이나 그 밖에 필요한 구역의 방사성물질 농도 또는 방사선량 등에 대한 조사

② 거주자 등의 경제적 피해 진단과 물가를 고려한 자산관리 상담

③ 방사성물질에 따른 영향 및 피해 극복 방안의 홍보

④ 방사능재난이 발생한 지역의 식료품과 음료품 및 농·축·수산물의 방사능오염 안전성에 따른 유통관리대책

> **TIP 》** 법 제42조(방사능재난 사후대책의 실시 등)
> ① 시·도지사, 시장·군수·구청장, 지정기관의 장, 원자력사업자 및 방사능재난의 수습에 책임이 있는 기관의 장은 제33조에 따라 방사능재난상황이 해제되었을 때에는 대통령령으로 정하는 바에 따라 사후대책을 수립하고 시행하여야 한다.
> ② 제1항에 따른 사후대책에는 다음 각 호의 사항이 포함되어야 한다.
>   1. 방사능재난 발생구역이나 그 밖에 필요한 구역의 방사성물질 농도 또는 방사선량 등에 대한 조사
>   2. 거주자 등의 건강진단과 심리적 영향을 고려한 건강 상담과 그 밖에 필요한 의료 조치
>   3. 방사성물질에 따른 영향 및 피해 극복 방안의 홍보
>   4. 그 밖에 방사능재난의 확대방지 또는 피해 복구를 위한 조치 등 총리령으로 정하는 사항 : 방사능재난이 발생한 지역의 식료품과 음료품 및 농·축·수산물의 방사능오염 안전성에 따른 유통관리대책에 관한 사항(시행규칙 제24조)

18 원자력안전위원회는 방사능재난이 발생한 경우에는 관련된 지방자치단체 및 원자력사업자와 합동으로 조사위원회를 구성하여 재난상황에 대한 조사를 하도록 할 수 있다. 조사위원회에 대한 설명으로 옳은 것은?

① 조사위원회는 위원장 1인을 포함한 5인 이상 10인 이하의 위원으로 구성한다.

② 조사위원회의 위원장은 원자력안전위원회 소속 공무원 중에서 원자력안전위원회 위원장이 된다.

③ 원자력안전위원회의 위원 중에서 원자력안전위원회 위원장이 지명하는 자 1인은 조사위원회의 위원이 된다.

④ 공무원인 위원이 그 업무와 직접 관련하여 회의에 출석하는 경우에는 수당 및 여비를 지급할 수 있다.

> **TIP 》** ① 조사위원회는 위원장 1인을 포함한 6인 이상 9인 이하의 위원으로 구성한다.
> ② 조사위원회의 위원장은 원자력안전위원회 소속 공무원 중에서 원자력안전위원회 위원장이 지명하는 자가 된다.
> ④ 조사위원회에 출석한 위원에 대하여는 예산의 범위 안에서 수당 및 여비를 지급할 수 있다. 다만, 공무원인 위원이 그 업무와 직접 관련하여 회의에 출석하는 경우에는 그러하지 아니하다.

19 원자력안전위원회가 원자력시설등에 대한 위협의 평가에 대한 업무를 위탁할 수 있는 기관이 아닌 것은?

① 한국원자력연구원 ② 한국원자력의학원

③ 한국원자력안전기술원 ④ 국제원자력대학원대학교

> **TIP 》** 법 제45조(업무의 위탁)
> ① 원자력안전위원회는 이 법에 따른 업무 중 다음 각 호의 업무를 대통령령으로 정하는 바에 따라 「과학기술분야 정부출연연구기관 등의 설립·운영 및 육성에 관한 법률」에 따른 한국원자력연구원, 「방사선 및 방사성동위원소 이용진흥법」 제13조의2에 따른 한국원자력의학원, 「한국원자력안전기술원법」에 따른 한국원자력안전기술원, 「원자력안전법」에 따른 한국원자력통제기술원 또는 그 밖의 관련 전문기관에 위탁할 수 있다.
> 1. 제4조 제1항에 따른 원자력시설등에 대한 위협의 평가
> 2. 제9조 제1항, 제20조 제1항 및 제37조 제3항에 따른 승인에 관련된 심사
> 3. 제9조의2 제1항 및 제36조 제1항에 따른 교육
> 4. 제9조의3 제2항 및 제37조 제4항에 따른 훈련 평가
> 5. 제12조 제1항과 제38조 제1항에 따른 검사

20 다음 빈칸에 들어갈 내용으로 적절한 것은?

> 정당한 권한 없이 방사성물질, 핵물질, 핵폭발장치, 방사성물질비산장치 또는 방사선방출장치를 수수·소지·소유·보관·제조·사용·운반·개조·처분 또는 분산하여 사람의 생명·신체를 위험하게 하거나 재산·환경에 위험을 발생시킨 사람은 무기 또는 ___ 이상의 징역에 처한다.

① 1년 ② 3년

③ 5년 ④ 10년

> **TIP 》** 정당한 권한 없이 방사성물질, 핵물질, 핵폭발장치, 방사성물질비산장치 또는 방사선방출장치를 수수·소지·소유·보관·제조·사용·운반·개조·처분 또는 분산하여 사람의 생명·신체를 위험하게 하거나 재산·환경에 위험을 발생시킨 사람은 무기 또는 1년 이상의 징역에 처한다(법 제47조 제1항).

ANSWER 》 17.② 18.③ 19.④ 20.①

부록

Ⅲ

부록

01 청원경찰법

[시행 2018.9.18.]

법 제1조(목적)

이 법은 청원경찰의 직무·임용·배치·보수·사회보장 및 그 밖에 필요한 사항을 규정함으로써 청원경찰의 원활한 운영을 목적으로 한다.

법 제2조(정의)

이 법에서 '청원경찰'이란 다음 각 호의 어느 하나에 해당하는 기관의 장 또는 시설·사업장 등의 경영자가 경비(청원경찰경비)를 부담할 것을 조건으로 경찰의 배치를 신청하는 경우 그 기관·시설 또는 사업장 등의 경비를 담당하게 하기 위하여 배치하는 경찰을 말한다.
1. 국가기관 또는 공공단체와 그 관리하에 있는 중요 시설 또는 사업장
2. 국내 주재 외국기관
3. 그 밖에 행정안전부령으로 정하는 중요 시설, 사업장 또는 장소

> 시행규칙 제2조(배치 대상)
> 「청원경찰법」 제2조 제3호에서 '그 밖에 행정안전부령으로 정하는 중요 시설, 사업장 또는 장소'란 다음 각 호의 시설, 사업장 또는 장소를 말한다.
> 1. 선박, 항공기 등 수송시설
> 2. 금융 또는 보험을 업으로 하는 시설 또는 사업장
> 3. 언론, 통신, 방송 또는 인쇄를 업으로 하는 시설 또는 사업장
> 4. 학교 등 육영시설
> 5. 「의료법」에 따른 의료기관
> 6. 그 밖에 공공의 안녕질서 유지와 국민경제를 위하여 고도의 경비가 필요한 중요 시설, 사업체 또는 장소

법 제3조(청원경찰의 직무)

청원경찰은 제4조 제2항에 따라 청원경찰의 배치 결정을 받은 자[이하 "청원주"(請願主)라 한다]와 배치된 기관·시설 또는 사업장 등의 구역을 관할하는 경찰서장의 감독을 받아 그 경비구역만의 경비를 목적으로 필요한 범위에서 「경찰관 직무집행법」에 따른 경찰관의 직무를 수행한다.

시행규칙 제22조(보고)

청원경찰이 법 제3조에 따라 직무를 수행할 때에 「경찰관 직무집행법」 및 같은 법 시행령에 따라 하여야 할 모든 보고는 관할 경찰서장에게 서면으로 보고하기 전에 지체 없이 구두로 보고하고 그 지시에 따라야 한다.

법 제4조(청원경찰의 배치)

① 청원경찰을 배치행정처분 등 받으려는 자는 대통령령으로 정하는 바에 따라 관할 지방경찰청장에게 청원경찰 배치를 신청하여야 한다.
② 지방경찰청장은 제1항의 청원경찰 배치 신청을 받으면 지체 없이 그 배치 여부를 결정하여 신청인에게 알려야 한다.
③ 지방경찰청장은 청원경찰 배치가 필요하다고 인정하는 기관의 장 또는 시설·사업장의 경영자에게 청원경찰을 배치할 것을 요청할 수 있다.

시행령 제2조(청원경찰의 배치 신청 등)

「청원경찰법」 제4조 제1항에 따라 청원경찰의 배치를 받으려는 자는 청원경찰 배치신청서에 다음 각 호의 서류를 첨부하여 법 제2조 각 호의 기관·시설·사업장 또는 장소의 소재지를 관할하는 경찰서장을 거쳐 지방경찰청장에게 제출하여야 한다. 이 경우 배치 장소가 둘 이상의 도(특별시, 광역시, 특별자치시 및 특별자치도를 포함)일 때에는 주된 사업장의 관할 경찰서장을 거쳐 지방경찰청장에게 한꺼번에 신청할 수 있다.
　1. 경비구역 평면도 1부
　2. 배치계획서 1부

시행령 제4조(임용방법 등)

① 법 제4조 제2항에 따라 청원경찰의 배치 결정을 받은 자(청원주)는 법 제5조 제1항에 따라 그 배치 결정의 통지를 받은 날부터 30일 이내에 배치 결정된 인원수의 임용예정자에 대하여 청원경찰 임용승인을 지방경찰청장에게 신청하여야 한다.
② 청원주가 법 제5조 제1항에 따라 청원경찰을 임용하였을 때에는 임용한 날부터 10일 이내에 그 임용사항을 관할 경찰서장을 거쳐 지방경찰청장에게 보고하여야 한다. 청원경찰이 퇴직하였을 때에도 또한 같다.

시행규칙 제5조(임용승인신청서 등)

① 법 제4조 제2항에 따라 청원경찰의 배치 결정을 받은 자(청원주)가 영 제4조 제1항에 따라 지방경찰청장에게 청원경찰 임용승인을 신청할 때에는 별지 제3호서식의 청원경찰 임용승인신청서에 그 해당자에 관한 다음 각 호의 서류를 첨부하여야 한다.

1. 이력서 1부
2. 주민등록증 사본 1부
3. 민간인 신원진술서 1부
4. 최근 3개월 이내에 발행한 채용·신체검사서 또는 취업용 건강진단서 1부
5. 가족관계등록부 중 기본증명서 1부

② 제1항에 따른 신청서를 제출받은 지방경찰청장은 「전자정부법」 제36조 제1항에 따라 행정정보의 공동이용을 통하여 해당자의 병적증명서를 확인하여야 한다. 다만, 그 해당자가 확인에 동의하지 아니할 때에는 해당 서류를 첨부하도록 하여야 한다.

법 제5조(청원경찰의 임용 등)

① 청원경찰은 청원주가 임용하되, 임용을 할 때에는 미리 지방경찰청장의 승인을 받아야 한다.
② 「국가공무원법」 제33조 각 호의 어느 하나의 결격사유에 해당하는 사람은 청원경찰로 임용될 수 없다.
③ 청원경찰의 임용자격·임용방법·교육 및 보수에 관하여는 대통령령으로 정한다.
④ 청원경찰의 복무에 관하여는 「국가공무원법」 제57조, 제58조 제1항, 제60조 및 「경찰공무원법」 제18조를 준용한다.

시행령 제7조(복무)

법 제5조 제4항에서 규정한 사항 외에 청원경찰의 복무에 관하여는 해당 사업장의 취업규칙에 따른다.

시행령 제3조(임용자격)

법 제5조 제3항에 따른 청원경찰의 임용자격은 다음 각 호와 같다.
1. 18세 이상인 사람. 다만, 남자의 경우에는 군복무를 마쳤거나 군복무가 면제된 사람으로 한정한다.
2. 행정안전부령으로 정하는 신체조건에 해당하는 사람

> 시행규칙 제4조(임용의 신체조건)
> 영 제3조 제2호에 따른 신체조건은 다음 각 호와 같다.
> 1. 신체가 건강하고 팔다리가 완전할 것
> 2. 시력(교정시력을 포함한다)은 양쪽 눈이 각각 0.8 이상일 것

시행령 제5조(교육)

① 청원주는 청원경찰로 임용된 사람으로 하여금 경비구역에 배치하기 전에 경찰교육기관에서 직무 수행에 필요한 교육을 받게 하여야 한다. 다만, 경찰교육기관의 교육계획상 부득이하다고 인정할 때에는 우선 배치하고 임용 후 1년 이내에 교육을 받게 할 수 있다.

② 경찰공무원(전투경찰순경을 포함한다) 또는 청원경찰에서 퇴직한 사람이 퇴직한 날부터 3년 이내에 청원경찰로 임용되었을 때에는 제1항에 따른 교육을 면제할 수 있다.

③ 제1항의 교육기간 · 교육과목 · 수업시간 및 그 밖에 교육의 시행에 필요한 사항은 행정안전부령으로 정한다.

청원경찰의 교육과목 및 수업시간표(시행규칙 별표1)

학과별		과목	시간
정신교육		정신교육	8
학술교육		형사법	10
		청원경찰법	5
실무교육	경무	경찰관직무집행법	5
	방범	방범업무	3
		경범죄처벌법	2
	경비	시설경비	6
		소방	4
	정보	대공이론	2
		불심검문	2
	민방위	민방공	3
		화생방	2
	기본훈련		5
	총기조작		2
	총검술		2
	사격		6
술과		체포술 및 호신술	6
기타		입교 · 수료 및 평가	3

시행령 제6조(배치 및 이동)

① 청원주는 청원경찰을 신규로 배치하거나 이동배치하였을 때에는 배치지(이동배치의 경우에는 종전의 배치지)를 관할하는 경찰서장에게 그 사실을 통보하여야 한다.

② 제1항의 통보를 받은 경찰서장은 이동배치지가 다른 관할구역에 속할 때에는 전입지를 관할하는 경찰서장에게 이동배치한 사실을 통보하여야 한다.

법 제5조의2(청원경찰의 징계)

① 청원주는 청원경찰이 다음 각 호의 어느 하나에 해당하는 때에는 대통령령으로 정하는 징계절차를 거쳐 징계처분을 하여야 한다.
　　1. 직무상의 의무를 위반하거나 직무를 태만히 한 때
　　2. 품위를 손상하는 행위를 한 때
② 청원경찰에 대한 징계의 종류는 파면, 해임, 정직, 감봉 및 견책으로 구분한다.
③ 청원경찰의 징계에 관하여 그 밖에 필요한 사항은 대통령령으로 정한다.

시행령 제8조(징계)

① 관할 경찰서장은 청원경찰이 법 제5조의2 제1항 각 호의 어느 하나에 해당한다고 인정되면 청원주에게 해당 청원경찰에 대하여 징계처분을 하도록 요청할 수 있다.
② 법 제5조의2 제2항의 정직은 1개월 이상 3개월 이하로 하고, 그 기간에 청원경찰의 신분은 보유하나 직무에 종사하지 못하며, 보수의 3분의 2를 줄인다.
③ 법 제5조의2 제2항의 감봉은 1개월 이상 3개월 이하로 하고, 그 기간에 보수의 3분의 1을 줄인다.
④ 법 제5조의2 제2항의 견책은 전과에 대하여 훈계하고 회개하게 한다.
⑤ 청원주는 청원경찰 배치 결정의 통지를 받았을 때에는 통지를 받은 날부터 15일 이내에 청원경찰에 대한 징계규정을 제정하여 관할 지방경찰청장에게 신고하여야 한다. 징계규정을 변경할 때에도 또한 같다.
⑥ 지방경찰청장은 제5항에 따른 징계규정의 보완이 필요하다고 인정할 때에는 청원주에게 그 보완을 요구할 수 있다.

법 제6조(청원경찰경비)

① 청원주는 다음 각 호의 청원경찰경비를 부담하여야 한다.
　　1. 청원경찰에게 지급할 봉급과 각종 수당
　　2. 청원경찰의 피복비
　　3. 청원경찰의 교육비
　　4. 제7조에 따른 보상금 및 제7조의2에 따른 퇴직금
② 국가기관 또는 지방자치단체에 근무하는 청원경찰의 보수는 다음 각 호의 구분에 따라 같은 재직기간에 해당하는 경찰공무원의 보수를 감안하여 대통령령으로 정한다.
　　1. 재직기간 15년 미만 : 순경
　　2. 재직기간 15년 이상 23년 미만 : 경장
　　3. 재직기간 23년 이상 30년 미만 : 경사
　　4. 재직기간 30년 이상 : 경위

③ 청원주의 제1항 제1호에 따른 봉급·수당의 최저부담기준액(국가기관 또는 지방자치단체에 근무하는 청원경찰의 봉급·수당은 제외한다)과 같은 항 제2호 및 제3호에 따른 비용의 부담기준액은 경찰청장이 정하여 고시한다.

시행령 제9조(국가기관 또는 지방자치단체에 근무하는 청원경찰의 보수)

① 법 제6조 제2항에 따른 국가기관 또는 지방자치단체에 근무하는 청원경찰의 봉급은 별표 1과 같다.
② 법 제6조 제2항에 따른 국가기관 또는 지방자치단체에 근무하는 청원경찰의 각종 수당은 「공무원수당 등에 관한 규정」에 따른 수당 중 가계보전수당, 실비변상 등으로 하며, 그 세부 항목은 경찰청장이 정하여 고시한다.
③ 법 제6조 제2항에 따른 재직기간은 청원경찰로서 근무한 기간으로 한다.

시행령 제10조(국가기관 또는 지방자치단체에 근무하는 청원경찰 외의 청원경찰의 보수)

국가기관 또는 지방자치단체에 근무하는 청원경찰 외의 청원경찰의 봉급과 각종 수당은 법 제6조 제3항에 따라 경찰청장이 고시한 최저부담기준액 이상으로 지급하여야 한다. 다만, 고시된 최저부담기준액이 배치된 사업장에서 같은 종류의 직무나 유사 직무에 종사하는 근로자에게 지급하는 임금보다 적을 때에는 그 사업장에서 같은 종류의 직무나 유사 직무에 종사하는 근로자에게 지급하는 임금에 상당하는 금액을 지급하여야 한다.

시행령 제11조(보수 산정 시의 경력 인정 등)

① 청원경찰의 보수 산정에 관하여 그 배치된 사업장의 취업규칙에 특별한 규정이 없는 경우에는 다음 각 호의 경력을 봉급 산정의 기준이 되는 경력에 산입(算入)하여야 한다.
　1. 청원경찰로 근무한 경력
　2. 군 또는 전투경찰에 복무한 경력
　3. 수위·경비원·감시원 또는 그 밖에 청원경찰과 비슷한 직무에 종사하던 사람이 해당 사업장의 청원주에 의하여 청원경찰로 임용된 경우에는 그 직무에 종사한 경력
　4. 국가기관 또는 지방자치단체에서 근무하는 청원경찰에 대해서는 국가기관 또는 지방자치단체에서 상근으로 근무한 경력
② 국가기관 또는 지방자치단체에 근무하는 청원경찰 보수의 호봉 간 승급기간은 경찰공무원의 승급기간에 관한 규정을 준용한다.
③ 국가기관 또는 지방자치단체에 근무하는 청원경찰 외의 청원경찰 보수의 호봉 간 승급기간 및 승급액은 그 배치된 사업장의 취업규칙에 따르며, 이에 관한 취업규칙이 없을 때에는 순경의 승급에 관한 규정을 준용한다.

시행령 제12조(청원경찰경비의 고시 등)

① 법 제6조 제1항 제1호부터 제3호까지의 청원경찰경비의 지급방법 또는 납부방법은 행정안전부령으로 정한다.

② 법 제6조 제3항에 따른 청원경찰경비의 최저부담기준액 및 부담기준액은 경찰공무원 중 순경의 것을 고려하여 다음 연도분을 매년 12월에 고시하여야 한다. 다만, 부득이한 사유가 있을 때에는 수시로 고시할 수 있다.

> 시행규칙 제8조(청원경찰경비의 지급방법 등)
> 영 제12조에 따른 청원경찰경비의 지급방법 및 납부방법은 다음 각 호와 같다.
> 1. 봉급과 각종 수당은 청원주가 그 청원경찰이 배치된 기관·시설·사업장 또는 장소의 직원에 대한 보수 지급일에 청원경찰에게 직접 지급한다.
> 2. 피복은 청원주가 제작하거나 구입하여 별표 2에 따른 정기지급일 또는 신규 배치 시에 청원경찰에게 현품으로 지급한다.
> 3. 교육비는 청원주가 해당 청원경찰의 입교 3일 전에 해당 경찰교육기관에 낸다.

법 제7조(보상금)

청원주는 청원경찰이 다음 각 호의 어느 하나에 해당하게 되면 대통령령으로 정하는 바에 따라 청원경찰 본인 또는 그 유족에게 보상금을 지급하여야 한다.
1. 직무수행으로 인하여 부상을 입거나, 질병에 걸리거나 또는 사망한 경우
2. 직무상의 부상·질병으로 인하여 퇴직하거나, 퇴직 후 2년 이내에 사망한 경우

시행령 제13조(보상금)

청원주는 법 제7조에 따른 보상금의 지급을 이행하기 위하여 「산업재해보상보험법」에 따른 산업재해보상보험에 가입하거나, 「근로기준법」에 따라 보상금을 지급하기 위한 재원(財源)을 따로 마련하여야 한다.

법 제7조의2(퇴직금)

청원주는 청원경찰이 퇴직할 때에는 「근로자퇴직급여 보장법」에 따른 퇴직금을 지급하여야 한다. 다만, 국가기관이나 지방자치단체에 근무하는 청원경찰의 퇴직금에 관하여는 따로 대통령령으로 정한다.

법 제8조(제복 착용과 무기 휴대)

① 청원경찰은 근무 중 제복을 착용하여야 한다.

② 지방경찰청장은 청원경찰이 직무를 수행하기 위하여 필요하다고 인정하면 청원주의 신청을 받

아 관할 경찰서장으로 하여금 청원경찰에게 무기를 대여하여 지니게 할 수 있다.

③ 청원경찰의 복제와 무기 휴대에 필요한 사항은 대통령령으로 정한다.

시행령 제14조(복제)

① 청원경찰의 복제는 제복·장구 및 부속물로 구분한다.

② 청원경찰의 제복·장구 및 부속물에 관하여 필요한 사항은 행정안전부령으로 정한다.

③ 청원경찰이 그 배치지의 특수성 등으로 특수복장을 착용할 필요가 있을 때에는 청원주는 지방경찰청장의 승인을 받아 특수복장을 착용하게 할 수 있다.

시행규칙 시행규칙 제9조(복제)

① 영 제14조에 따른 청원경찰의 제복·장구 및 부속물의 종류는 다음 각 호와 같다.

1. 제복 : 정모, 기동모, 근무복(하복, 동복), 성하복, 기동복, 점퍼, 비옷, 방한복, 외투, 단화, 기동화 및 방한화

2. 장구 : 허리띠, 경찰봉, 호루라기 및 포승

3. 부속물 : 모자표장, 가슴표장, 휘장, 계급장, 넥타이핀, 단추 및 장갑

② 영 제14조에 따른 청원경찰의 제복·장구 및 부속물의 제식과 재질은 다음 각 호와 같다.

1. 제복의 제식 및 재질은 청원주가 결정하되, 경찰공무원 또는 군인 제복의 색상과 명확하게 구별될 수 있어야 하며, 사업장별로 통일하여야 한다. 다만, 기동모와 기동복의 색상은 진한 청색으로 하고, 기동복의 제식은 별도 1과 같이 한다.

[별도 1]

기동복의 제식

상의	하의
• 노타이(no tie) 식, 가슴받이를 붙이고 긴소매, 앞면 중앙에 플라스틱 단추(소) 6개 • 흉부 좌우에 겉붙임 뚜껑주머니 및 플라스틱 단추(소) • 어깨·가슴에 휘장(좌측)	• 긴바지 • 앞면 좌우측에 겉붙임 옆주머니 • 뒷면 좌우 둔부에 겉붙임주머니 및 단추 ※ 그 밖의 사항은 「경찰복제에 관한 규칙」에 따른 제식에 따른다.

2. 장구의 제식과 재질은 경찰 장구와 같이 한다.
3. 부속물의 제식과 재질은 다음 각 목과 같이 한다.
　가. 모자표장의 제식과 재질은 별도 2와 같이 하되, 기동모의 표장은 정모 표장의 2분의 1 크기로
　　할 것.

[별도 2]

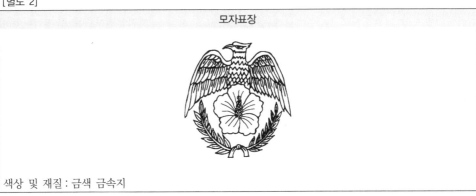

색상 및 재질 : 금색 금속지

　나. 가슴표장, 휘장, 계급장, 넥타이핀 및 단추의 제식과 재질은 별도 3부터 별도 7까지와 같이
　　할 것.

[별도 3]

색상 및 재질 : 금색 금속지
"청원경찰"은 음각으로 새겨 넣는다.
"번호"에는 소속 기관과 그 일련번호를 새겨 넣는다(예 : 체신 112).

[별도 4]〈개정 2013.2.26〉

휘장

앞면	뒷면
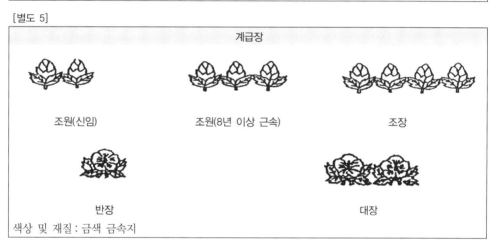	
• 너비 2cm, 바깥지름 10cm의 반원형 • 바탕색: 상의 색상과 동일 • 글자(청원경찰)색: 바탕이 밝은 색일 경우 검은색, 바탕이 어두운 색일 경우 흰색 • 글씨의 굵기는 2mm, 크기는 한 글자 기준으로 가로 1.7cm, 세로 1.9cm • 모든 제복 왼쪽 어깨에 부착	• 가로 10cm, 세로 6.5cm • 흰색 바탕에 글자(청원경찰)는 검은색 • 글씨의 굵기는 4mm, 크기는 한 글자 기준으로 가로 2cm, 세로 5.5cm • 기동복, 점퍼, 비옷, 방한복 및 외투 왼쪽 가슴에 부착

[별도 5]

계급장

조원(신임)   조원(8년 이상 근속)   조장

반장   대장

색상 및 재질 : 금색 금속지

[별도 6]

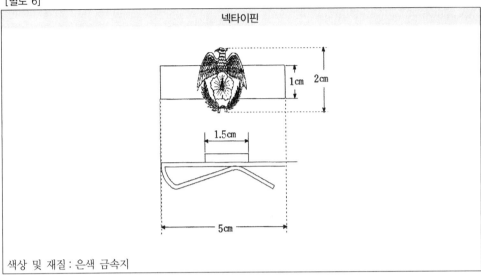

넥타이핀

색상 및 재질 : 은색 금속지

[별도 7]

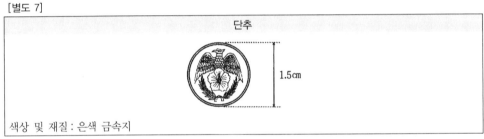

단추

색상 및 재질 : 은색 금속지

③ 청원경찰은 평상근무 중에는 정모, 근무복, 단화, 호루라기, 경찰봉 및 포승을 착용하거나 휴대하여야 하고, 총기를 휴대하지 아니할 때에는 분사기를 휴대하여야 하며, 교육훈련이나 그 밖의 특수근무 중에는 기동모, 기동복, 기동화 및 휘장을 착용하거나 부착하되, 허리띠와 경찰봉은 착용하거나 휴대하지 아니할 수 있다.

④ 가슴표장, 휘장 및 계급장을 달거나 부착할 위치는 별도 8과 같다.

[별도 8]

부속물의 위치

부속물 위치	가슴휘장 계급장 어깨휘장	계급장 어깨휘장 가슴표장
종류	점퍼, 외투, 비옷, 방한복	근무복

시행규칙 제10조(제복의 착용시기)

하복·동복의 착용시기는 사업장별로 청원주가 결정하되, 착용시기를 통일하여야 한다.

시행규칙 제11조(신분증명서)

① 청원경찰의 신분증명서는 청원주가 발행하며, 그 형식은 청원주가 결정하되 사업장별로 통일하여야 한다.

② 청원경찰은 근무 중에는 항상 신분증명서를 휴대하여야 한다.

시행규칙 제12조(급여품 및 대여품)

① 청원경찰에게 지급하는 급여품은 별표 2와 같고, 대여품은 별표 3과 같다.

② 청원경찰이 퇴직할 때에는 대여품을 청원주에게 반납하여야 한다.

청원경찰 급여품표(시행규칙 별표2)

품명	수량	사용기간	정기지급일
근무복(하복)	1	1년	5월 5일
근무복(동복)	1	1년	9월 25일
성하복	1	1년	6월 5일
외투·방한복 또는 점퍼	1	2~3년	9월 25일
기동화 또는 단화	1	단화 1년 / 기동화 2년	9월 25일
비옷	1	3년	5월 5일
정모	1	3년	9월 25일
기동모	1	3년	필요할 때
기동복	1	2년	필요할 때
방한화	1	2년	9월 25일
장갑	1	2년	9월 25일
호루라기	1	2년	9월 25일

청원경찰 대여품표(시행규칙 별표3)

품명	수량
허리띠	1
경찰봉	1
가슴표장	1
분사기	1
포승	1

시행령 제15조(분사기 휴대)

청원주는 「총포·도검·화약류 등 단속법」에 따른 분사기의 소지허가를 받아 청원경찰로 하여금 그 분사기를 휴대하여 직무를 수행하게 할 수 있다.

시행령 제16조(무기 휴대)

① 청원주가 법 제8조 제2항에 따라 청원경찰이 휴대할 무기를 대여받으려는 경우에는 관할 경찰서장을 거쳐 지방경찰청장에게 무기대여를 신청하여야 한다.

② 제1항의 신청을 받은 지방경찰청장이 무기를 대여하여 휴대하게 하려는 경우에는 청원주로부터 국가에 기부채납된 무기에 한정하여 관할 경찰서장으로 하여금 무기를 대여하여 휴대하게 할 수 있다.

③ 제1항에 따라 무기를 대여하였을 때에는 관할 경찰서장은 청원경찰의 무기관리 상황을 수시로 점검하여야 한다.

④ 청원주 및 청원경찰은 행정안전부령으로 정하는 무기관리수칙을 준수하여야 한다.

시행규칙 제16조(무기관리수칙)

① 영 제16조에 따라 무기와 탄약을 대여받은 청원주는 다음 각 호에 따라 무기와 탄약을 관리하여야 한다.

1. 청원주가 무기와 탄약을 대여받았을 때에는 경찰청장이 정하는 무기·탄약 출납부 및 무기장비 운영카드를 갖춰 두고 기록하여야 한다.
2. 청원주는 무기와 탄약의 관리를 위하여 관리책임자를 지정하고 관할 경찰서장에게 그 사실을 통보하여야 한다.
3. 무기고 및 탄약고는 단층에 설치하고 환기·방습·방화 및 총가 등의 시설을 하여야 한다.
4. 탄약고는 무기고와 떨어진 곳에 설치하고, 그 위치는 사무실이나 그 밖에 여러 사람을 수용하거나 여러 사람이 오고 가는 시설로부터 격리되어야 한다.
5. 무기고와 탄약고에는 이중 잠금장치를 하고, 열쇠는 관리책임자가 보관하되, 근무시간 이후에는 숙직책임자에게 인계하여 보관시켜야 한다.
6. 청원주는 경찰청장이 정하는 바에 따라 매월 무기와 탄약의 관리 실태를 파악하여 다음 달 3일까지 관할 경찰서장에게 통보하여야 한다.
7. 청원주는 대여받은 무기와 탄약에 분실·도난·피탈 또는 훼손 등의 사고가 발생하였을 때에는 지체 없이 그 사유를 관할 경찰서장에게 통보하여야 한다.
8. 청원주는 무기와 탄약이 분실·도난·피탈 또는 훼손되었을 때에는 경찰청장이 정하는 바에 따라 그 전액을 배상하여야 한다. 다만, 전시·사변·천재지변이나 그 밖의 불가항력적인 사유가 있다고 지방경찰청장이 인정하였을 때에는 그러하지 아니하다.

② 영 제16조에 따라 무기와 탄약을 대여받은 청원주가 청원경찰에게 무기와 탄약을 출납하려는 경우에는 다음 각 호에 따라야 한다. 다만, 관할 경찰서장의 지시에 따라 제2호에 따른 탄약의 수를 늘리거나 줄일 수 있고, 무기와 탄약의 출납을 중지할 수 있으며, 무기와 탄약을 회수하여 집중관리할 수 있다.

1. 무기와 탄약을 출납하였을 때에는 무기·탄약 출납부에 그 출납사항을 기록하여야 한다.
2. 소총의 탄약은 1정당 15발 이내, 권총의 탄약은 1정당 7발 이내로 출납하여야 한다. 이 경우 생산된 후 오래된 탄약을 우선하여 출납하여야 한다.

3. 청원경찰에게 지급한 무기와 탄약은 매주 1회 이상 손질하게 하여야 한다.

4. 수리가 필요한 무기가 있을 때에는 그 목록과 무기장비 운영카드를 첨부하여 관할 경찰서장에게 수리를 요청할 수 있다.

③ 청원주로부터 무기와 탄약을 지급받은 청원경찰은 다음 각 호의 사항을 준수하여야 한다.

1. 무기를 지급받거나 반납할 때 또는 인계인수할 때에는 반드시 "앞에 총" 자세에서 "검사 총"을 하여야 한다.

2. 무기와 탄약을 지급받았을 때에는 별도의 지시가 없으면 무기와 탄약을 분리하여 휴대하여야 하며, 소총은 "우로 어깨 걸어 총"의 자세를 유지하고, 권총은 "권총집에 넣어 총"의 자세를 유지하여야 한다.

3. 지급받은 무기는 다른 사람에게 보관 또는 휴대하게 할 수 없으며 손질을 의뢰할 수 없다.

4. 무기를 손질하거나 조작할 때에는 반드시 총구를 공중으로 향하게 하여야 한다.

5. 무기와 탄약을 반납할 때에는 손질을 철저히 하여야 한다.

6. 근무시간 이후에는 무기와 탄약을 청원주에게 반납하거나 교대근무자에게 인계하여야 한다.

④ 청원주는 다음 각 호의 어느 하나에 해당하는 청원경찰에게 무기와 탄약을 지급해서는 아니 되며, 지급한 무기와 탄약은 회수하여야 한다.

1. 직무상 비위로 징계 대상이 된 사람

2. 형사사건으로 조사 대상이 된 사람

3. 사의를 밝힌 사람

4. 평소에 불평이 심하고 염세적인 사람

5. 주벽이 심한 사람

6. 변태적 성벽이 있는 사람

법 제9조 삭제 〈1999.3.31.〉

법 제9조의2 삭제 〈2001.4.7.〉

법 제9조의3(감독)

① 청원주는 항상 소속 청원경찰의 근무 상황을 감독하고, 근무 수행에 필요한 교육을 하여야 한다.

② 지방경찰청장은 청원경찰의 효율적인 운영을 위하여 청원주를 지도하며 감독상 필요한 명령을 할 수 있다.

시행규칙 제13조(직무교육)

① 청원주는 소속 청원경찰에게 그 직무집행에 필요한 교육을 매월 4시간 이상 하여야 한다.

② 청원경찰이 배치된 사업장의 소재지를 관할하는 경찰서장은 필요하다고 인정하는 경우에는 그 사업장에 소속 공무원을 파견하여 직무집행에 필요한 교육을 할 수 있다.

시행규칙 제14조(근무요령)

① 자체경비를 하는 입초근무자는 경비구역의 정문이나 그 밖의 지정된 장소에서 경비구역의 내부, 외부 및 출입자의 움직임을 감시한다.

② 업무처리 및 자체경비를 하는 소내근무자는 근무 중 특이한 사항이 발생하였을 때에는 지체 없이 청원주 또는 관할 경찰서장에게 보고하고 그 지시에 따라야 한다.

③ 순찰근무자는 청원주가 지정한 일정한 구역을 순회하면서 경비 임무를 수행한다. 이 경우 순찰은 단독 또는 복수로 정선순찰을 하되, 청원주가 필요하다고 인정할 때에는 요점순찰 또는 난선순찰을 할 수 있다.

④ 대기근무자는 소내근무에 협조하거나 휴식하면서 불의의 사고에 대비한다.

시행령 제17조(감독)

관할 경찰서장은 매달 1회 이상 청원경찰을 배치한 경비구역에 대하여 다음 각 호의 사항을 감독하여야 한다.
1. 복무규율과 근무 상황
2. 무기의 관리 및 취급 사항

시행규칙 제17조(문서와 장부의 비치)

① 청원주는 다음 각 호의 문서와 장부를 갖춰 두어야 한다.
1. 청원경찰 명부
2. 근무일지
3. 근무 상황카드
4. 경비구역 배치도
5. 순찰표철
6. 무기 · 탄약 출납부
7. 무기장비 운영카드
8. 봉급지급 조서철
9. 신분증명서 발급대장
10. 징계 관계철
11. 교육훈련 실시부
12. 청원경찰 직무교육계획서
13. 급여품 및 대여품 대장
14. 그 밖에 청원경찰의 운영에 필요한 문서와 장부

② 관할 경찰서장은 다음 각 호의 문서와 장부를 갖춰 두어야 한다.
  1. 청원경찰 명부
  2. 감독 순시부
  3. 전출입 관계철
  4. 교육훈련 실시부
  5. 무기 · 탄약 대여대장
  6. 징계요구서철
  7. 그 밖에 청원경찰의 운영에 필요한 문서와 장부
③ 지방경찰청장은 다음 각 호의 문서와 장부를 갖춰 두어야 한다.
  1. 배치 결정 관계철
  2. 청원경찰 임용승인 관계철
  3. 전출입 관계철
  4. 그 밖에 청원경찰의 운영에 필요한 문서와 장부
④ 제1항부터 제3항까지의 규정에 따른 문서와 장부의 서식은 경찰관서에서 사용하는 서식을 준용한다.

시행규칙 제18조(표창)

지방경찰청장, 관할 경찰서장 또는 청원주는 청원경찰에게 다음 각 호의 구분에 따라 표창을 수여할 수 있다.
  1. 공적상 : 성실히 직무를 수행하여 근무성적이 탁월하거나 헌신적인 봉사로 특별한 공적을 세운 경우
  2. 우등상 : 교육훈련에서 교육성적이 우수한 경우

법 제9조의4(쟁의행위의 금지)

청원경찰은 파업, 태업 또는 그 밖에 업무의 정상적인 운영을 방해하는 일체의 쟁의행위를 하여서는 아니 된다.

법 제10조(직권남용 금지 등)

① 청원경찰이 직무를 수행할 때 직권을 남용하여 국민에게 해를 끼친 경우에는 6개월 이하의 징역이나 금고에 처한다.
② 청원경찰 업무에 종사하는 사람은 「형법」이나 그 밖의 법령에 따른 벌칙을 적용할 때에는 공무원으로 본다.

법 제10조의2(청원경찰의 불법행위에 대한 배상책임)

청원경찰(국가기관이나 지방자치단체에 근무하는 청원경찰은 제외한다)의 직무상 불법행위에 대한 배상책임에 관하여는 「민법」의 규정을 따른다.

시행령 제18조(청원경찰의 신분)

청원경찰은 「형법」이나 그 밖의 법령에 따른 벌칙을 적용하는 경우와 법 및 이 영에서 특별히 규정한 경우를 제외하고는 공무원으로 보지 아니한다.

시행령 제19조(근무 배치 등의 위임)

① 「경비업법」에 따른 경비업자가 중요 시설의 경비를 도급받았을 때에는 청원주는 그 사업장에 배치된 청원경찰의 근무 배치 및 감독에 관한 권한을 해당 경비업자에게 위임할 수 있다.

② 청원주는 제1항에 따라 경비업자에게 청원경찰의 근무 배치 및 감독에 관한 권한을 위임한 경우에 이를 이유로 청원경찰의 보수나 신분상의 불이익을 주어서는 아니 된다.

법 제10조의3(권한의 위임)

이 법에 따른 지방경찰청장의 권한은 그 일부를 대통령령으로 정하는 바에 따라 관할 경찰서장에게 위임할 수 있다.

시행령 제20조(권한의 위임)

지방경찰청장은 법 제10조의3에 따라 다음 각 호의 권한을 관할 경찰서장에게 위임한다. 다만, 청원경찰을 배치하고 있는 사업장이 하나의 경찰서의 관할구역에 있는 경우로 한정한다.

1. 법 제4조 제2항 및 제3항에 따른 청원경찰 배치의 결정 및 요청에 관한 권한

2. 법 제5조 제1항에 따른 청원경찰의 임용승인에 관한 권한

3. 법 제9조의3 제2항에 따른 청원주에 대한 지도 및 감독상 필요한 명령에 관한 권한

4. 법 제12조에 따른 과태료 부과 · 징수에 관한 권한

시행규칙 제19조(감독자의 지정)

① 2명 이상의 청원경찰을 배치한 사업장의 청원주는 청원경찰의 지휘 · 감독을 위하여 청원경찰 중에서 유능한 사람을 선정하여 감독자로 지정하여야 한다.

② 제1항에 따른 감독자는 조장, 반장 또는 대장으로 하며, 그 지정기준은 별표 4와 같다.

감독자 지정기준(시행규칙 별표4)			
근무인원	직급별 지정기준		
	대장	반장	조장
9명까지			1명
10명 이상 29명 이하		1명	2 ~ 3명
30명 이상 40명 이하		1명	3 ~ 4명
41명 이상 60명 이하	1명	2명	6명
61명 이상 120명 이하	1명	4명	12명

시행규칙 제20조(경비전화의 가설)

① 관할 경찰서장은 청원주의 신청에 따라 경비를 위하여 필요하다고 인정할 때에는 청원경찰이 배치된 사업장에 경비전화를 가설할 수 있다.

② 제1항에 따라 경비전화를 가설할 때 드는 비용은 청원주가 부담한다.

시행규칙 제21조(주의사항)

① 청원경찰이 법 제3조에 따른 직무를 수행할 때에는 경비 목적을 위하여 필요한 최소한의 범위에서 하여야 한다.

② 청원경찰은 「경찰관 직무집행법」에 따른 직무 외의 수사활동 등 사법경찰관리의 직무를 수행해서는 아니 된다.

시행령 제20조의2(민감정보 및 고유식별정보의 처리)

지방경찰청장 또는 경찰서장은 다음 각 호의 사무를 수행하기 위하여 불가피한 경우 「개인정보 보호법」 제23조에 따른 건강에 관한 정보와 같은 법 시행령 제18조 제2호에 따른 범죄경력자료에 해당하는 정보, 같은 영 제19조 제1호 또는 제4호에 따른 주민등록번호 또는 외국인등록번호가 포함된 자료를 처리할 수 있다.

    1. 법 및 이 영에 따른 청원경찰의 임용, 배치 등 인사관리에 관한 사무

    2. 법 제8조에 따른 청원경찰의 제복 착용 및 무기 휴대에 관한 사무

    3. 법 제9조의3에 따른 청원주에 대한 지도 · 감독에 관한 사무

    4. 제1호부터 제3호까지의 규정에 따른 사무를 수행하기 위하여 필요한 사무

시행령 제20조의3(규제의 재검토)

경찰청장은 제8조에 따른 청원경찰의 징계에 대하여 2014년 1월 1일을 기준으로 3년마다(매 3년이 되는 해의 1월 1일 전까지를 말한다) 그 타당성을 검토하여 개선 등의 조치를 하여야 한다.

법 제10조의4(의사에 반한 면직)

① 청원경찰은 형의 선고, 징계처분 또는 신체상·정신상의 이상으로 직무를 감당하지 못할 때를 제외하고는 그 의사에 반하여 면직되지 아니한다.

② 청원주가 청원경찰을 면직시켰을 때에는 그 사실을 관할 경찰서장을 거쳐 지방경찰청장에게 보고하여야 한다.

법 제10조의5(배치의 폐지 등)

① 청원주는 청원경찰이 배치된 시설이 폐쇄되거나 축소되어 청원경찰의 배치를 폐지하거나 배치인원을 감축할 필요가 있다고 인정하면 청원경찰의 배치를 폐지하거나 배치인원을 감축할 수 있다. 다만, 청원주는 다음 각 호의 어느 하나에 해당하는 경우에는 청원경찰의 배치를 폐지하거나 배치인원을 감축할 수 없다.

　1. 청원경찰을 대체할 목적으로 「경비업법」에 따른 특수경비원을 배치하는 경우

　2. 청원경찰이 배치된 기관·시설 또는 사업장 등이 배치인원의 변동사유 없이 다른 곳으로 이전하는 경우

② 제1항에 따라 청원주가 청원경찰을 폐지하거나 감축하였을 때에는 청원경찰 배치 결정을 한 경찰관서의 장에게 알려야 하며, 그 사업장이 제4조 제3항에 따라 지방경찰청장이 청원경찰의 배치를 요청한 사업장일 때에는 그 폐지 또는 감축 사유를 구체적으로 밝혀야 한다.

③ 제1항에 따라 청원경찰의 배치를 폐지하거나 배치인원을 감축하는 경우 해당 청원주는 배치폐지나 배치인원 감축으로 과원이 되는 청원경찰 인원을 그 기관·시설 또는 사업장 내의 유사 업무에 종사하게 하거나 다른 시설·사업장 등에 재배치하는 등 청원경찰의 고용이 보장될 수 있도록 노력하여야 한다.

법 제10조의6(당연 퇴직)

청원경찰이 다음 각 호의 어느 하나에 해당할 때에는 당연 퇴직된다.

　1. 제5조 제2항에 따른 임용결격사유에 해당될 때

　2. 제10조의5에 따라 청원경찰의 배치가 폐지되었을 때

　3. 나이가 60세가 되었을 때. 다만, 그 날이 1월부터 6월 사이에 있으면 6월 30일에, 7월부터 12월 사이에 있으면 12월 31일에 각각 당연 퇴직된다.

법 제10조의7(휴직 및 명예퇴직)

국가기관이나 지방자치단체에 근무하는 청원경찰의 휴직 및 명예퇴직에 관하여는 「국가공무원법」 제71조부터 제73조까지 및 제74조의2를 준용한다.

법 제11조(벌칙)

제9조의4를 위반하여 파업, 태업 또는 그 밖에 업무의 정상적인 운영을 방해하는 쟁의행위를 한 사람은 1년 이하의 징역 또는 1천만 원 이하의 벌금에 처한다.

법 제12조(과태료)

① 다음 각 호의 어느 하나에 해당하는 자에게는 500만 원 이하의 과태료를 부과한다.
　　1. 제4조 제2항에 따른 지방경찰청장의 배치 결정을 받지 아니하고 청원경찰을 배치하거나 제5 조제1항에 따른 지방경찰청장의 승인을 받지 아니하고 청원경찰을 임용한 자
　　2. 정당한 사유 없이 제6조 제3항에 따라 경찰청장이 고시한 최저부담기준액 이상의 보수를 지 급하지 아니한 자
　　3. 제9조의3 제2항에 따른 감독상 필요한 명령을 정당한 사유 없이 이행하지 아니한 자
② 제1항에 따른 과태료는 대통령령으로 정하는 바에 따라 지방경찰청장이 부과·징수한다.

시행령 제21조(과태료의 부과기준 등)

① 법 제12조 제1항에 따른 과태료의 부과기준은 별표 2와 같다.
② 지방경찰청장은 위반행위의 동기, 내용 및 위반의 정도 등을 고려하여 별표 2에 따른 과태료 금액의 100분의 50의 범위에서 그 금액을 줄이거나 늘릴 수 있다. 다만, 늘리는 경우에는 법 제12조제1항에 따른 과태료 금액의 상한을 초과할 수 없다.

과태료의 부과기준(시행령 별표2)

위반행위	해당 법조문	과태료 금액
1. 법 제4조 제2항에 따른 지방경찰청장의 배치 결정을 받지 않고 다음 각 목의 시설에 청원경찰을 배치한 경우	법 제12조 제1항 제1호	
가. 국가 중요 시설(국가정보원장이 지정하는 국가보안 목표시설을 말 한다)인 경우		500만 원
나. 가목에 따른 국가 중요 시설 외의 시설인 경우		400만 원
2. 법 제5조 제1항에 따른 지방경찰청장의 승인을 받지 않고 다음 각 목의 청원경찰을 임용한 경우	법 제12조 제1항 제1호	500만 원
가. 법 제5조 제2항에 따른 임용 결격사유에 해당하는 청원경찰		
나. 법 제5조 제2항에 따른 임용 결격사유에 해당하지 않고 청원경찰		300만 원
3. 정당한 사유 없이 법 제6조 제3항에 따라 경찰청장이 고시한 최저부 담기준액 이상의 보수를 지급하지 않은 경우	법 제12조 제1항 제2호	500만 원
4. 법 제9조의3 제2항에 따른 지방경찰청장의 감독상 필요한 다음 각 목의 명령을 정당한 사유 없이 이행하지 않은 경우	법 제12조 제1항 제3호	
가. 총기·실탄 및 분사기에 관한 명령		500만 원
나. 가목에 따른 명령 외의 명령		300만 원

02 통합방위법

[시행 2017.7.26.]

제1장 총칙

법 제1조(목적)

이 법은 적의 침투·도발이나 그 위협에 대응하기 위하여 국가 총력전의 개념을 바탕으로 국가방위요소를 통합·운용하기 위한 통합방위 대책을 수립·시행하기 위하여 필요한 사항을 규정함을 목적으로 한다.

법 제2조(정의)

이 법에서 사용하는 용어의 뜻은 다음과 같다.

1. "통합방위"란 적의 침투·도발이나 그 위협에 대응하기 위하여 각종 국가방위요소를 통합하고 지휘체계를 일원화하여 국가를 방위하는 것을 말한다.

2. "국가방위요소"란 통합방위작전의 수행에 필요한 다음 각 목의 방위전력 또는 그 지원 요소를 말한다.

   가. 「국군조직법」 제2조에 따른 국군

   나. 경찰청·해양경찰청 및 그 소속 기관과 「제주특별자치도 설치 및 국제자유도시 조성을 위한 특별법」에 따른 자치경찰기구

   다. 국가기관 및 지방자치단체(가목과 나목의 경우는 제외한다)

   라. 「예비군법」 제1조에 따른 예비군

   마. 「민방위기본법」 제17조에 따른 민방위대

   바. 제6조에 따라 통합방위협의회를 두는 직장

3. "통합방위사태"란 적의 침투·도발이나 그 위협에 대응하여 제6호부터 제8호까지의 구분에 따라 선포하는 단계별 사태를 말한다.

4. "통합방위작전"이란 통합방위사태가 선포된 지역에서 제15조에 따라 통합방위본부장, 지역군사령관, 함대사령관 또는 지방경찰청장(이하 작전지휘관)이 국가방위요소를 통합하여 지휘·통제하는 방위작전을 말한다.

5. "지역군사령관"이란 통합방위작전 관할구역에 있는 군부대의 여단장급 이상 지휘관 중에서 통합방위본부장이 정하는 사람을 말한다.

6. "갑종사태"란 일정한 조직체계를 갖춘 적의 대규모 병력 침투 또는 대량살상무기 공격 등의 도발로 발생한 비상사태로서 통합방위본부장 또는 지역군사령관의 지휘·통제 하에 통합방위작전을 수행하여야 할 사태를 말한다.

7. "을종사태"란 일부 또는 여러 지역에서 적이 침투·도발하여 단기간 내에 치안이 회복되기 어려워 지역군사령관의 지휘·통제 하에 통합방위작전을 수행하여야 할 사태를 말한다.

8. "병종사태"란 적의 침투·도발 위협이 예상되거나 소규모의 적이 침투하였을 때에 지방경찰 청장, 지역군사령관 또는 함대사령관의 시휘·동세 하에 통합방위작전을 수행하여 단기간 내에 치안이 회복될 수 있는 사태를 말한다.

9. "침투"란 적이 특정 임무를 수행하기 위하여 대한민국 영역을 침범한 상태를 말한다.

10. "도발"이란 적이 특정 임무를 수행하기 위하여 대한민국 국민 또는 영역에 위해를 가하는 모든 행위를 말한다.

11. "위협"이란 대한민국을 침투·도발할 것으로 예상되는 적의 침투·도발 능력과 기도가 드러난 상태를 말한다.

12. "방호"란 적의 각종 도발과 위협으로부터 인원·시설 및 장비의 피해를 방지하고 모든 기능을 정상적으로 유지할 수 있도록 보호하는 작전 활동을 말한다.

13. "국가중요시설"이란 공공기관, 공항·항만, 주요 산업시설 등 적에 의하여 점령 또는 파괴되거나 기능이 마비될 경우 국가안보와 국민생활에 심각한 영향을 주게 되는 시설을 말한다.

법 제3조(통합방위태세의 확립 등)

① 정부는 국가방위요소의 육성 및 통합방위태세의 확립을 위하여 필요한 시책을 마련하여야 한다.

② 각 지방자치단체의 장은 관할구역별 통합방위태세의 확립에 필요한 시책을 마련하여야 한다.

③ 각급 행정기관 및 군부대의 장은 통합방위작전을 원활하게 수행하기 위하여 서로 지원하고 협조하여야 한다.

④ 정부는 통합방위사태의 선포에 따른 국가방위요소의 동원 비용을 대통령령으로 정하는 바에 따라 예산의 범위에서 해당 지방자치단체에 지원할 수 있다.

> 시행령 제4조(동원 비용의 지원)
> 법 제3조 제4항에 따라 정부가 지방자치단체에 지원할 수 있는 동원 비용의 범위는 다음 각 호와 같다.
> 1. 통합방위작전에 동원된 예비군의 급식비
> 2. 그 밖에 중앙협의회에서 의결한 비용

시행령 제2조(통합방위태세의 확립 등)

① 각 중앙관서의 장은 「통합방위법」 제3조 제1항에 따라 국가방위요소의 육성 및 통합방위태세의 확립을 위하여 소관업무와 대통령이 정하는 바에 따라 필요한 시책을 마련하여야 한다.

② 각 지방자치단체의 장은 법 제3조 제2항에 따라 관할구역별 통합방위태세의 확립을 위하여 지역군사령관 및 지방경찰청장 등 관련 기관과 협의하여 지역 통합방위에 필요한 예규를 작성하는 등 필요한 시책을 마련하여야 한다.

제2장 통합방위기구 운용

법 제4조(중앙 통합방위협의회)

① 국무총리 소속으로 중앙 통합방위협의회를 둔다.

② 중앙협의회의 의장은 국무총리가 되고, 위원은 기획재정부장관, 교육부장관, 과학기술정보통신부장관, 외교부장관, 통일부장관, 법무부장관, 국방부장관, 행정안전부장관, 문화체육관광부장관, 농림축산식품부장관, 산업통상자원부장관, 보건복지부장관, 환경부장관, 고용노동부장관, 여성가족부장관, 국토교통부장관, 해양수산부장관, 중소벤처기업부장관, 국무조정실장, 국가보훈처장, 법제처장, 식품의약품안전처장, 국가정보원장 및 통합방위본부장과 그 밖에 대통령령으로 정하는 사람이 된다.

> 시행령 시행령 제5조(중앙협의회의 위원)
> 법 제4조제2항에서 "대통령령으로 정하는 사람"이란 다음 각 호의 어느 하나에 해당하는 사람을 말한다.
> 1. 지방자치단체의 장 중에서 중앙협의회 의장이 위촉하는 사람
> 2. 그 밖에 통합방위에 관한 식견과 경험이 풍부한 사람 중에서 중앙협의회 의장이 임명하거나 위촉하는 사람

③ 중앙협의회에 간사 1명을 두고, 간사는 통합방위본부의 부본부장이 된다.

④ 중앙협의회는 다음 각 호의 사항을 심의한다.
   1. 통합방위 정책
   2. 통합방위작전·훈련 및 지침
   3. 통합방위사태의 선포 또는 해제
   4. 그 밖에 통합방위에 관하여 대통령령으로 정하는 사항

> 시행령 제6조(중앙협의회의 심의사항)
> 법 제4조제4항제4호에서 "대통령령으로 정하는 사항"이란 다음 각 호의 사항을 말한다.
> 1. 정부 각 부처 및 관계 기관 간의 통합방위와 관련된 업무의 조정
> 2. 제4조에 따른 동원 비용
> 3. 그 밖에 중앙협의회 위원이 제출하는 안건

⑤ 중앙협의회의 운영 등에 필요한 사항은 대통령령으로 정한다.

시행령 제3조(통합방위회의의 개최 등)

① 법 제4조 제1항에 따른 중앙 통합방위협의회(이하 "중앙협의회"라 한다)의 의장은 법 제3조 제1항 및 이 영 제2조 제1항에 따라 마련한 시책의 국가방위요소별 추진 실적을 평가하고 통합방위태세를 확립하기 위하여 중앙 통합방위회의를 연 1회 이상 개최한다.

② 중앙 통합방위회의의 참석 대상은 다음 각 호의 사람으로 한다.

1. 중앙협의회의 의장 및 위원
2. 방송통신위원회위원장
3. 법 제5조 제1항에 따른 특별시·광역시·특별자치시·도·특별자치도 통합방위협의회(이하 "시·도 협의회"라 한다)의 의장
4. 국가정보원의 지부장
5. 경찰청장 및 지방경찰청장
6. 소방청장
7. 해양경찰청장 및 지방해양경찰청장
8. 군단장급 이상의 군 지휘관
9. 지역군사령관 및 함대사령관
10. 그 밖에 법 제8조 제1항에 따른 통합방위본부(이하 "통합방위본부"라 한다)의 본부장(이하 "통합방위본부장"이라 한다)이 선정하는 사람

③ 통합방위본부장은 중앙 통합방위회의의 의제, 참석 대상, 개최일시, 장소 및 회의 주관자를 선정하고 회의를 준비한다.

④ 시·도 협의회의 의장은 법 제3조 제2항 및 이 영 제2조 제2항에 따라 마련한 시책의 국가방위요소별 추진 실적을 평가하고 통합방위태세를 확립하기 위하여 지방 통합방위회의를 연 1회 이상 개최한다.

⑤ 시·도 협의회의 의장은 지역군사령관, 지방경찰청장, 국가정보원의 지부장 등 관계 기관의 장과 협의하여 회의를 준비한다.

⑥ 통합방위본부장은 제4항에 따른 지방 통합방위회의의 준비 및 개최에 필요한 지침을 시달한다.

시행령 제7조(중앙협의회의 소집 등)

① 중앙협의회의 회의는 의장이 필요하다고 인정할 때에 소집한다.

② 중앙협의회의 회의는 이 영에 특별한 규정이 없으면 재적위원 과반수의 출석과 출석위원 과반수의 찬성으로 의결한다.

법 제5조(지역 통합방위협의회)

① 특별시장·광역시장·특별자치시장·도지사·특별자치도지사(이하 "시·도지사"라 한다) 소속으로 특별시·광역시·특별자치시·도·특별자치도 통합방위협의회(이하 "시·도 협의회"라 한다)를 두고, 그 의장은 시·도지사가 된다.

② 시장 · 군수 · 구청장(자치구의 구청장을 말한다. 이하 같다) 소속으로 시 · 군 · 구 통합방위협의 회를 두고, 그 의장은 시장 · 군수 · 구청장이 된다.

③ 시 · 도 협의회와 시 · 군 · 구 통합방위협의회(이하 "지역협의회"라 한다)는 다음 각 호의 사항을 심의한다. 다만, 제1호 및 제3호의 사항은 시 · 도 협의회에 한한다.

1. 적이 침투하거나 숨어서 활동하기 쉬운 지역(이하 "취약지역"이라 한다)의 선정 또는 해제
2. 통합방위 대비책
3. 을종사태 및 병종사태의 선포 또는 해제
4. 통합방위작전 · 훈련의 지원 대책
5. 국가방위요소의 효율적 육성 · 운용 및 지원 대책

④ 지역협의회의 구성 및 운영 등에 필요한 사항은 대통령령으로 정하는 기준에 따라 조례로 정한다.

시행령 제8조(지역협의회의 구성 등에 관한 조례의 기준)

① 시 · 도 협의회 및 법 제5조 제2항에 따른 시 · 군 · 구 통합방위협의회(이하 "지역협의회"라 한다)는 다음 각 호에 해당하는 사람으로 구성한다.

1. 해당 지역의 작전책임을 담당하는 군부대의 장
2. 해당 지역 국군 기무부대의 장 또는 그 부대원
3. 국가정보원의 관계자
4. 지방검찰청의 검사장 · 지청장 또는 검사
5. 지방경찰청장 또는 경찰서장
6. 지방해양경찰청장 또는 해양경찰서장
7. 지방교정청장 또는 교정시설의 장
8. 지방보훈청장 또는 보훈지청장
9. 지방병무관서의 장
10. 교육감 또는 교육장
11. 지방의회 의장
12. 지방소방관서의 장
13. 지역 재향군인회장
14. 그 밖에 통합방위에 관한 학식과 경험이 풍부한 사람으로서 지역협의회 의장이 위촉하는 사람

② 지역협의회의 회의는 정기회의와 임시회의로 구분하되, 정기회의는 분기마다 한 차례 소집하는 것을 원칙으로 하고, 임시회의는 의장이 필요하다고 인정할 때에 소집하며, 의결정족수에 관하여는 제7조 제2항을 준용한다.

③ 지역협의회의 회의는 화상회의 방식(전자투표를 포함한다)으로 할 수 있다. 이 경우 화상회의의 참여자는 동일한 회의장에 출석한 것으로 본다.

④ 지역협의회의 업무를 효율적으로 처리하기 위하여 지역협의회에 다음 각 호의 업무를 담당하는 지역 통합방위 실무위원회(이하 "지역실무위원회"라 한다)를 둔다.

1. 지역협의회의 회의에 부칠 안건의 사전 심의

2. 지역협의회 의장이 위임하는 사항의 심의

3. 관계 행정기관 간의 통합방위 업무에 관한 협조 및 조정

⑤ 지역실무위원회는 분기마다 한 차례 이상 소집하는 것을 원칙으로 하되, 그 구성 및 운영에 필요한 사항은 지역협의회의 심의를 거쳐 지역협의회 의장이 정한다.

⑥ 법 제5조 제3항 제2호에 따른 통합방위 대비책에는 지역주민, 학생 등에 대한 안보교육 및 이에 대한 지원 대책에 관한 사항이 포함되어야 한다.

⑦ 법 제5조 제3항 제4호에 따른 통합방위작전·훈련의 지원 대책에는 다음 각 호의 사항이 포함되어야 한다.

1. 통합방위작전 수행 시 차량, 선박 및 시설 등의 지원 대책

2. 예비군, 민방위대 및 지역주민 등의 통합방위작전 및 통합방위훈련 참여를 위한 홍보, 계몽 및 지원 대책

3. 취약지역 대비책

4. 통합방위작전 및 통합방위훈련의 유공자에 대한 포상 추천

⑧ 법 제5조 제3항 제5호에 따른 국가방위요소의 효율적 육성·운용 및 지원 대책에는 다음 각 호의 사항이 포함되어야 한다.

1. 지역예비군 중대 사무실의 설치 및 유지에 관한 사항

2. 통합방위작전·훈련에 참가한 국가방위요소의 구성원에 대한 사기 앙양 및 민·관·군 간의 유대 강화에 관한 사항

법 제6조(직장 통합방위협의회)

① 직장에는 직장 통합방위협의회(이하 "직장협의회"라 한다)를 두고, 그 의장은 직장의 장이 된다.

② 직장협의회를 두어야 하는 직장의 범위와 직장협의회의 운영 등에 필요한 사항은 대통령령으로 정한다.

시행령 제9조(직장협의회를 두는 직장의 범위)

법 제6조 제2항에 따라 직장 통합방위협의회(이하 "직장협의회"라 한다)를 두어야 하는 직장의 범위는 다음 각 호와 같다.

1. 중대급 이상의 예비군 부대가 편성된 직장[소대급의 직장예비군 자원이 있는 직장도 원하는 경우에는 직장협의회를 둘 수 있다]

2. 법 제21조 제4항에 따라 지정된 국가중요시설인 직장

시행령 제10조(직장협의회의 구성 및 운영 등)

① 직장협의회는 해당 직장예비군 부대의 장과 해당 직장의 간부 중에서 의장이 지명하는 사람으로 구성한다.

② 직장협의회는 다음 각 호의 사항을 심의한다.

1. 직장 단위 방위대책 및 그 지원계획의 수립·시행에 관한 사항
2. 직장예비군의 운영·육성 및 지원에 관한 사항

③ 직장협의회의 회의는 정기회의와 임시회의로 구분하되, 정기회의는 분기마다 한 차례 소집하는 것을 원칙으로 하고, 임시회의는 의장이 필요하다고 인정할 때에 소집하며, 회의는 재적위원 과반수의 출석과 출석위원 과반수의 찬성으로 의결한다.

시행령 제11조(산업단지협의회)

① 같은 산업단지(「자유무역지역의 지정 및 운영에 관한 법률」에 따른 자유무역지역, 「산업입지 및 개발에 관한 법률」에 따른 산업단지 및 산업통상자원부장관이 지정하는 중요 산업시설을 말한다. 이하 같다) 내의 직장예비군 자원을 통합하여 예비군 부대를 편성하는 경우에는 해당 산업단지 내에 산업단지 통합방위협의회(이하 "산업단지협의회"라 한다)를 둘 수 있다.

② 산업단지협의회를 두는 경우에 의장은 「산업집적활성화 및 공장설립에 관한 법률」, 「자유무역지역의 지정 및 운영에 관한 법률」 또는 「산업입지 및 개발에 관한 법률」 등에 따라 해당 산업단지를 관리하는 대표자가 되고, 위원은 산업단지 예비군 부대의 장, 산업단지 방위 관련 기관의 관계관, 그 밖에 산업단지 내 기업체의 대표 등 의장이 위촉하는 사람으로 한다.

③ 산업단지협의회는 다음 각 호의 사항을 심의한다.
1. 산업단지 단위의 방위대책 및 그 지원계획에 관한 사항
2. 산업단지 예비군 부대의 육성·운용 및 경비에 관한 사항

④ 산업단지협의회의 운영에 관하여는 지역협의회 또는 직장협의회의 관련 규정을 준용한다.

법 제7조(협의회의 통합·운영)

중앙협의회, 지역협의회 및 직장협의회는 대통령령으로 정하는 기준에 따라 각각 다음 각 호의 기구와 통합·운영할 수 있다.
1. 「예비군법」 제14조의3 제2항에 따른 방위협의회
2. 「민방위기본법」 제6조 또는 제7조에 따른 중앙민방위협의회 또는 지역민방위협의회

법 제8조(통합방위본부)

① 합동참모본부에 통합방위본부를 둔다.

② 통합방위본부에는 본부장과 부본부장 1명씩을 두되, 통합방위본부장은 합동참모의장이 되고 부본부장은 합동참모본부 합동작전본부장이 된다.

③ 통합방위본부는 다음 각 호의 사무를 분장한다.
1. 통합방위 정책의 수립·조정
2. 통합방위 대비태세의 확인·감독
3. 통합방위작전 상황의 종합 분석 및 대비책의 수립

4. 통합방위작전, 훈련지침 및 계획의 수립과 그 시행의 조정·통제

5. 통합방위 관계기관 간의 업무 협조 및 사업 집행사항의 협의·조정

④ 통합방위본부에 통합방위에 관한 정부 내 업무 협조와 그 밖에 통합방위 업무의 원활한 수행을 위하여 통합방위 실무위원회(이하 "실무위원회"라 한다)를 둔다.

⑤ 실무위원회의 구성 및 운영 등에 필요한 사항은 대통령령으로 정한다.

시행령 제12조(통합방위 대비태세의 확인·감독 등)

① 통합방위본부는 법 제8조 제3항 제2호에 따른 통합방위 대비태세의 확인·감독을 효과적으로 수행하기 위하여 국가방위요소에 대한 정기검열 또는 지도방문을 매년 한 차례 정기적으로 실시하고, 필요할 때에는 수시검열 또는 지도방문을 실시한다.

② 통합방위본부장은 제1항의 검열 또는 지도방문의 실시 결과 통합방위태세의 확립에 현저한 공(功)이 있는 개인, 부대 또는 기관과 법 제8조 제3항 제3호에 따른 통합방위작전 상황의 종합 분석 결과 통합방위작전에 현저한 공이 있는 개인, 부대 또는 기관에 대하여 법 제8조 제4항에 따른 통합방위 실무위원회(이하 "통합방위 실무위원회"라 한다)의 심의를 거쳐 정부에 포상을 건의한다.

시행령 제13조(통합방위 실무위원회의 구성 및 운영 등)

① 통합방위 실무위원회의 의장은 통합방위본부의 부본부장이 되고, 위원은 다음 각 호의 어느 하나에 해당하는 사람으로 한다.

1. 통합방위본부장이 지명하는 합동참모본부의 부장급 장교

2. 각 중앙협의회 위원이 지명하는 소속 국장급 공무원 각 1명

3. 각 관계 기관의 장이 지명하는 소속 국장급 공무원 각 1명

② 통합방위 실무위원회는 다음 각 호의 사항을 심의한다.

1. 통합방위 대비책

2. 정부 각 부처 간의 통합방위 업무에 대한 조정

3. 통합방위 관련 법규의 개정에 관한 사항

4. 제12조 제2항에 따른 포상 및 법 제23조에 따른 문책요구에 관한 사항

③ 통합방위 실무위원회 회의는 정기회의와 임시회의로 구분하되, 정기회의는 분기마다 한 차례 소집하는 것을 원칙으로 하고, 임시회의는 의장이 필요하다고 인정할 때에 소집하며, 회의는 재적위원 과반수의 출석과 출석위원 과반수의 찬성으로 의결한다.

④ 이 영에서 규정한 사항 외에 통합방위 실무위원회의 조직 및 운영 등에 필요한 사항은 통합방위본부장이 정한다.

법 제9조(통합방위 지원본부)

① 시·도지사 소속으로 시·도 통합방위 지원본부를 두고, 시장·군수·구청장·읍장·면장·동장 소속으로 시·군·구·읍·면·동 통합방위 지원본부를 둔다.

② 시·도 통합방위 지원본부와 시·군·구·읍·면·동 통합방위 지원본부(이하 "각 통합방위 지원본부"라 한다)는 관할지역별로 다음 각 호의 사무를 분장한다.

1. 통합방위작전 및 훈련에 대한 지원계획의 수립·시행
2. 통합방위 종합상황실의 설치·운영
3. 국가방위요소의 육성·지원
4. 통합방위 취약지역을 대상으로 한 주민신고 체제의 확립
5. 그 밖에 대통령령 또는 조례로 정하는 사항

> 시행령 제14조(통합방위 종합상황실의 구성)
> 법 제9조 제2항 제2호에 따른 통합방위 종합상황실은 각 통합방위 지원본부의 상황실과 군·경합동상황실(이하 "합동상황실"이라 한다)로 구성한다.

③ 각 통합방위 지원본부의 조직과 운영에 필요한 사항은 대통령령으로 정하는 기준에 따라 조례로 정한다.

시행령 제15조(통합방위 종합상황실의 설치기준)

① 합동상황실은 각 통합방위 지원본부에 설치하는 것을 원칙으로 하되, 분리하여 설치하는 경우에는 지휘, 통신 및 협조의 용이성과 지역의 특성 등을 고려하여 군부대 또는 국가경찰관서 중 가장 효과적인 장소에 설치하여야 한다.

② 인접한 둘 이상의 시·군 또는 자치구를 하나의 군부대나 경찰서가 관할하고 있는 경우에는 해당 시·군 또는 자치구의 합동상황실은 하나의 장소에 통합하여 설치할 수 있다.

시행령 제16조(통합방위 종합상황실의 운영기준)

① 통합방위 종합상황실은 통합방위사태가 선포된 때와 통합방위태세의 확립을 위한 주요 훈련을 실시할 때에 운영한다.

② 합동상황실은 해당 지역의 작전책임을 담당하는 군부대의 장 또는 해당 지역 국가경찰관서장의 책임하에 운영한다.

③ 제1항 및 제2항에서 규정한 사항 외에 통합방위 종합상황실의 운영에 필요한 사항은 지역협의회의 심의를 거쳐 지역협의회 의장이 정한다.

시행령 제17조(통합방위 지원본부의 사무)

법 제9조 제2항 제5호에 따른 각 통합방위 지원본부(법 제9조 제1항에 따른 시·도 통합방위 지원본부와 시·군·구·읍·면·동 통합방위 지원본부를 말한다. 이하 같다)의 사무는 다음 각 호와 같다.

1. 통합방위작전과 관련된 동원 업무의 지원
2. 제20조 제2항에 따른 지역 합동보도본부 설치의 지원
3. 지역협의회에서 심의·의결한 사항의 시행

시행령 제18조(통합방위 지원본부의 조직 등에 관한 기준)

① 각 통합방위 지원본부는 상황실과 분야별 지원반으로 구성한다.

② 제1항에 따른 분야별 지원반은 총괄, 인력·재정 동원, 산업·수송·장비 동원, 의료·구호, 보급·급식, 통신·전산, 홍보 등의 분야로 구성하되, 각 지역별 특성에 적합하도록 조정할 수 있다.

③ 각 통합방위 지원본부의 본부장은 특별시·광역시·특별자치시·도·특별자치도·시·군·자치구의 경우에는 부기관장이 되고, 읍·면·동의 경우에는 각각 읍장·면장·동장이 된다.

④ 각 통합방위 지원본부는 특별시·광역시·특별자치시·도·특별자치도·시·군·자치구·읍·면·동의 주사무소에 둔다.

법 제10조(합동보도본부 등)

① 작전지휘관은 대통령령으로 정하는 바에 따라 언론기관의 취재 활동을 지원하여야 한다.

② 작전지휘관은 통합방위 진행 상황 및 대국민 협조사항 등을 알리기 위하여 필요하면 합동보도본부를 설치·운영할 수 있다.

③ 통합방위작전을 수행할 때에 병력 또는 장비의 이동·배치·성능이나 작전계획에 관련된 사항은 공개하지 아니한다. 다만, 통합방위작전의 수행에 지장을 주지 아니하는 범위에서 국민이나 지역 주민에게 알릴 필요가 있는 사항은 그러하지 아니하다.

시행령 제19조(취재 활동의 지원)

① 법 제10조 제1항에 따라 취재 활동을 지원하기 위하여 작전지휘관(통합방위본부장, 지역군사령관, 함대사령관 또는 지방경찰청장을 말한다. 이하 같다)은 1일 한 차례 이상 통합방위작전의 진행 상황을 법 제10조 제2항에 따른 합동보도본부를 통하여 취재기자단에 제공하여야 한다.

② 통합방위작전의 진행 상황에 대한 취재를 원하는 언론기관은 작전지휘관에게 취재기자의 명단을 통보하여야 하며, 작전지휘관은 특별한 사정이 없으면 통보된 취재기자에게 작전지휘관이 정한 식별표지를 제공하여야 한다.

③ 작전지휘관은 제2항에 따른 식별표지를 착용한 취재기자에 대하여 작전지휘관이 정한 취재허용지역의 범위에서 자유로운 취재 활동을 보장하여야 한다. 다만, 작전지휘관은 취재 활동이 통합방위작전에 지장을 준다고 인정되는 경우에는 취재 활동을 제한할 수 있다.

④ 작전지휘관이 정한 취재허용지역 범위 밖의 지역에서 현장취재를 원하는 취재기자는 작전지휘관의 승인을 받은 후 작전지휘관이 제공하는 안내요원의 안내에 따라 취재하여야 한다. 이 경우 작전지휘관은 선정된 1명 또는 여러 명의 대표자에 대해서만 현장취재를 승인할 수 있다.

⑤ 통합방위작전의 상황 및 그 경과에 따라 작전지휘관은 통합방위작전의 효율적인 수행을 위하여 필요한 경우에는 적의 구체적인 침투·도발 행위의 내용과 아군(我軍)의 통합방위작전 상황 등의 내용을 필요한 기간 동안 공개하지 아니할 수 있다.

시행령 제20조(합동보도본부의 설치기준)

① 통합방위본부장은 통합방위사태 선포 시 법 제10조 제2항에 따라 통합방위본부에 중앙 합동보도본부를 설치한다.

② 지역군사령관, 함대사령관 또는 지방경찰청장은 통합방위사태 선포 구역의 작전지휘관으로 지정된 경우에는 법 제10조 제2항에 따라 지역 합동보도본부를 설치한다.

③ 제2항에 따른 지역 합동보도본부는 각 통합방위 지원본부 또는 통합방위작전 지휘소 인접지역에 설치하되, 필요할 때에는 취재 활동이 쉬운 지역에 현지 합동보도본부를 설치할 수 있다.

제3장 경계태세 및 통합방위사태

법 제11조(경계태세)

① 대통령령으로 정하는 군부대의 장 및 경찰관서의 장(이하 이 조에서 "발령권자"라 한다)은 적의 침투·도발이나 그 위협이 예상될 경우 통합방위작전을 준비하기 위하여 경계태세를 발령할 수 있다.

② 제1항에 따라 경계태세가 발령된 때에는 해당 지역의 국가방위요소는 적의 침투·도발이나 그 위협에 대응하기 위하여 필요한 지휘·협조체계를 구축하여야 한다.

③ 발령권자는 경계태세 상황이 종료되거나 상급 지휘관의 지시가 있는 경우 경계태세를 해제하여야 하고, 제12조에 따라 통합방위사태가 선포된 때에는 경계태세는 해제된 것으로 본다.

④ 경계태세의 종류, 발령·해제 절차 및 경계태세 발령 시 국가방위요소 간 지휘·협조체계 구축 등에 필요한 사항은 대통령령으로 정한다.

시행령 제21조(경계태세의 발령 및 해제)

① 법 제11조 제1항에서 "대통령령으로 정하는 군부대의 장 및 경찰관서의 장"이란 다음 각 호의 구분에 따른 사람을 말한다.
   1. 서울특별시 외의 지역
      가. 연대장급(해군·공군의 경우에는 독립전대장급을 말한다) 이상의 지휘관
      나. 경찰서장급 이상의 지휘관
   2. 서울특별시 지역 : 대통령이 정하는 군부대의 장

② 제1항 각 호의 구분에 따른 지휘관이나 군부대의 장(이하 "발령권자"라 한다)은 통신 두절(杜絶) 등 불가피한 사유가 없으면 차상급 지휘관에게 보고한 후 경계태세를 발령하거나 해제하여야 한다.

③ 발령권자는 경계태세를 발령하거나 해제하는 즉시 그 사실을 관할지역 내의 모든 국가방위요소에 통보하고, 통합방위본부장에게 보고하거나 통보한다.

시행령 제22조(경계태세의 종류)

① 법 제11조 제1항에 따른 경계태세는 적의 침투·도발 상황을 고려하여 경계태세 3급, 경계태세 2급, 경계태세 1급으로 구분하여 발령할 수 있다.

② 제1항의 경계태세 구분에 대한 세부 내용 및 조치사항 등은 대통령이 정한다.

시행령 제23조(경계태세 발령 시의 지휘 및 협조 관계)

① 법 제11조 제1항 및 이 영 제22조 제1항에 따라 경계태세 1급 발령 시 국가방위요소 간 지휘 및 협조 관계는 다음 각 호의 구분에 따른다.

  1. 경찰관할지역 : 지방경찰청장이 지역군사령관으로부터 위임받은 군 작전요소를 작전통제(지휘를 받는 부대, 부서 또는 기관에 통합방위를 위한 작전임무를 부여하고 지시하는 것을 말한다. 이하 같다)하여 군·경 합동작전을 수행한다.
  2. 군관할지역 : 지역군사령관이 지방경찰청장으로부터 위임받은 경찰 작전요소를 작전통제하여 군·경 합동작전을 수행한다.
  3. 특정경비지역 : 지역군사령관이 해당 지역의 모든 국가방위요소를 작전통제하여 작전을 수행한다.
  4. 특정경비해역 및 일반경비해역 : 함대사령관이 관할해역의 해양경찰을 작전통제하여 군·경 합동작전을 수행한다.
  5. 해안경계 부대의 장은 선박의 입항·출항 신고기관에 근무하는 해양경찰을 작전통제하여 임무를 수행한다.
  6. 지방자치단체의 장 및 읍·면·동장은 각 통합방위 지원본부를 통하여 작전을 지원한다.

② 법 제11조 제1항 및 이 영 제22조 제1항에 따라 경계태세 2급 또는 3급 발령 시 국가방위요소는 상호 협조하여 적의 침투·도발에 대비한다.

③ 지역군사령관, 지방경찰청장, 함대사령관, 지방해양경찰청장은 평시(平時)부터 적의 침투·도발에 대비하여 상호 연계된 각각의 작전계획을 수립하여야 한다.

법 제12조(통합방위사태의 선포)

① 통합방위사태는 갑종사태, 을종사태 또는 병종사태로 구분하여 선포한다.

② 제1항의 사태에 해당하는 상황이 발생하면 다음 각 호의 구분에 따라 해당하는 사람은 즉시 국무총리를 거쳐 대통령에게 통합방위사태의 선포를 건의하여야 한다.

  1. 갑종사태에 해당하는 상황이 발생하였을 때 또는 둘 이상의 특별시·광역시·특별자치시·도·특별자치도(이하 "시·도"라 한다)에 걸쳐 을종사태에 해당하는 상황이 발생하였을 때 : 국방부장관
  2. 둘 이상의 시·도에 걸쳐 병종사태에 해당하는 상황이 발생하였을 때 : 행정안전부장관 또는 국방부장관

③ 대통령은 제2항에 따른 건의를 받았을 때에는 중앙협의회와 국무회의의 심의를 거쳐 통합방위사태를 선포할 수 있다.

④ 지방경찰청장, 지역군사령관 또는 함대사령관은 을종사태나 병종사태에 해당하는 상황이 발생한 때에는 즉시 시·도지사에게 통합방위사태의 선포를 건의하여야 한다.

⑤ 시·도지사는 제4항에 따른 건의를 받은 때에는 시·도 협의회의 심의를 거쳐 을종사태 또는 병종사태를 선포할 수 있다.

⑥ 시·도지사는 제5항에 따라 을종사태 또는 병종사태를 선포한 때에는 지체 없이 행정안전부장관 및 국방부장관과 국무총리를 거쳐 대통령에게 그 사실을 보고하여야 한다.

⑦ 제3항이나 제5항에 따라 통합방위사태를 선포할 때에는 그 이유, 종류, 선포 일시, 구역 및 작전지휘관에 관한 사항을 공고하여야 한다.

⑧ 시·도지사가 통합방위사태를 선포한 지역에 대하여 대통령이 통합방위사태를 선포한 때에는 그 때부터 시·도지사가 선포한 통합방위사태는 효력을 상실한다.

⑨ 제1항부터 제8항까지에서 규정한 사항 외에 통합방위사태의 구체적인 선포 요건·절차 및 공고 방법 등에 관하여 필요한 사항은 대통령령으로 정한다.

시행령 제24조(통합방위사태의 선포·해제 절차 등)

① 법 제12조 제3항·제5항 및 제14조 제1항·제4항에 따라 통합방위사태를 선포하거나 해제하는 경우에는 중앙협의회 또는 시·도 협의회에서 재적위원 과반수의 출석과 출석위원 3분의 2 이상의 찬성을 얻어야 한다.

② 통합방위사태의 선포권자 또는 해제권자는 법 제12조 제3항·제5항 및 제14조 제1항·제4항에 따라 통합방위사태를 선포하거나 해제하는 경우에는 관계 지방자치단체의 장에게 통합방위사태를 선포하거나 해제한 사실을 서면으로 통지하고, 그 사실을 해당 지역의 시·군·자치구·읍·면·동의 게시판을 통하여 공고하도록 하며, 각 신문·방송에 보도되도록 하여야 한다.

법 제13조(국회 또는 시·도의회에 대한 통고 등)

① 대통령은 통합방위사태를 선포한 때에는 지체 없이 그 사실을 국회에 통고하여야 한다.

② 시·도지사는 통합방위사태를 선포한 때에는 지체 없이 그 사실을 시·도의회에 통고하여야 한다.

③ 대통령 또는 시·도지사는 제1항이나 제2항에 따른 통고를 할 때에 국회 또는 시·도의회가 폐회 중이면 그 소집을 요구하여야 한다.

법 제14조(통합방위사태의 해제)

① 대통령은 통합방위사태가 평상 상태로 회복되거나 국회가 해제를 요구하면 지체 없이 그 통합방위사태를 해제하고 그 사실을 공고하여야 한다.

② 대통령은 제1항에 따라 통합방위사태를 해제하려면 중앙협의회와 국무회의의 심의를 거쳐야 한다. 다만, 국회가 해제를 요구한 경우에는 그러하지 아니한다.

③ 국방부장관 또는 행정안전부장관은 통합방위사태가 평상 상태로 회복된 때에는 국무총리를 거쳐 대통령에게 통합방위사태의 해제를 건의하여야 한다.

④ 시·도지사는 통합방위사태가 평상 상태로 회복되거나 시·도의회에서 해제를 요구하면 지체 없이 통합방위사태를 해제하고 그 사실을 공고하여야 한다. 이 경우 시·도지사는 그 통합방위사태의 해제사실을 행정안전부장관 및 국방부장관과 국무총리를 거쳐 대통령에게 보고하여야 한다.

⑤ 시·도지사는 제4항 전단에 따라 통합방위사태를 해제하려면 시·도 협의회의 심의를 거쳐야 한다. 다만, 시·도의회가 해제를 요구하였을 때에는 그러하지 아니한다.

⑥ 지방경찰청장, 지역군사령관 또는 함대사령관은 통합방위사태가 평상 상태로 회복된 때에는 시·도지사에게 통합방위사태의 해제를 건의하여야 한다.

4장 통합방위작전 및 훈련

법 제15조(통합방위작전)

① 통합방위작전의 관할구역은 다음 각 호와 같이 구분한다.
　　1. 지상 관할구역 : 특정경비지역, 군관할지역 및 경찰관할지역
　　2. 해상 관할구역 : 특정경비해역 및 일반경비해역
　　3. 공중 관할구역 : 비행금지공역 및 일반공역

② 지방경찰청장, 지역군사령관 또는 함대사령관은 통합방위사태가 선포된 때에는 즉시 다음 각 호의 구분에 따라 통합방위작전(공군작전사령관의 경우에는 통합방위 지원작전)을 신속하게 수행하여야 한다. 다만, 을종사태가 선포된 경우에는 지역군사령관이 통합방위작전을 수행하고, 갑종사태가 선포된 경우에는 통합방위본부장 또는 지역군사령관이 통합방위작전을 수행한다.
　　1. 경찰관할지역 : 지방경찰청장
　　2. 특정경비지역 및 군관할지역 : 지역군사령관
　　3. 특정경비해역 및 일반경비해역 : 함대사령관
　　4. 비행금지공역 및 일반공역 : 공군작전사령관

③ 통합방위사태가 선포된 때에는 해당 지역의 모든 국가방위요소는 대통령령으로 정하는 바에 따라 통합방위작전을 효율적으로 수행하기 위하여 필요한 지휘·협조체계를 구축하여야 한다.

④ 제1항부터 제3항까지에서 규정한 사항 외에 통합방위작전 관할구역의 세부 범위 및 통합방위작전의 시행 등에 필요한 사항은 실무위원회의 심의를 거쳐 통합방위본부장이 정한다.

⑤ 통합방위작전의 임무를 수행하는 사람은 그 작전지역에서 대통령령으로 정하는 바에 따라 임무 수행에 필요한 검문을 할 수 있다.

시행령 제25조(통합방위사태 선포 시의 지휘 및 협조 관계)

① 법 제15조 제3항에 따른 통합방위사태의 단계별, 관할지역별 지휘체계는 다음 각 호의 구분에 따른다.

　1. 갑종사태가 선포된 때 : 통합방위본부장 또는 지역군사령관이 모든 국가방위요소를 작전통제하여 통합방위작전을 수행한다.

　2. 을종사태가 선포된 때 : 지역군사령관이 모든 국가방위요소를 작전통제하여 통합방위작전을 수행한다.

　3. 병종사태가 선포된 때

　　가. 경찰관할지역 : 지방경찰청장이 민방위대 자원 및 지역군사령관으로부터 위임받은 군 작전요소를 작전통제하여 통합방위작전을 수행한다.

　　나. 특정경비지역 및 군관할지역 : 지역군사령관이 관할지역 안의 모든 국가방위요소를 작전통제하여 통합방위작전을 수행한다.

　　다. 특정경비해역 및 일반경비해역 : 함대사령관이 관할해역 안의 모든 국가방위요소를 작전통제하여 통합방위작전을 수행한다.

② 지방자치단체의 장은 통합방위사태가 선포된 경우 법 제15조제3항에 따라 지역군사령관, 함대사령관 및 지방경찰청장과 협조하여 국민과 국가방위요소를 연계시키고, 통합방위작전을 지원하는 등 지역 단위 통합방위태세를 확립한다.

③ 작전지휘관은 통합방위작전 전반에 대하여 책임을 지며, 국가방위요소가 통합되고 상호 연계된 각각의 통합방위작전 계획을 수립·시행한다.

④ 제1항 제3호에 따라 통합방위작전을 수행하는 지방경찰청장은 통합방위작전을 효율적으로 수행하기 위하여 필요한 경우 지역군사령관에게 작전지원을 요청할 수 있다.

⑤ 제4항에 따라 작전지원을 요청받은 지역군사령관은 군 작전지원반을 편성하여 지원할 수 있다.

⑥ 국가중요시설의 관리자는 통합방위사태가 선포된 경우 자체 경비·보안 및 방호를 강화하고, 적의 침투에 대비하여 대비책을 수립·시행하며, 대대(大隊) 단위 지역책임 부대장 및 경찰서장과 협조하여 방호태세를 확립한다.

⑦ 행정안전부장관, 국가정보원장, 경찰청장 및 해양경찰청장은 통합방위사태가 선포된 경우 국가방위요소 간 협조체제를 유지하기 위하여 5급 이상의 공무원을 연락관으로 임명하여 통합방위본부 군사상황실에 상주시키고, 그 밖의 관련 기관은 통합방위본부장이 요청하는 경우에 연락관을 파견한다.

시행령 제26조(검문절차 등)

① 통합방위작전의 임무를 수행하는 사람(이하 "작전임무수행자"라 한다)은 법 제15조 제5항에 따라 거동이 수상한 사람이나 주위의 사정을 합리적으로 판단하여 거동이 수상하다고 의심할 만한 상당한 이유가 있는 사람을 정지시켜 질문할 수 있다.

② 해당 장소에서 제1항의 질문을 하는 것이 그 질문을 받은 사람에게 불리하거나 교통 또는 통합방위작전에 지장을 준다고 인정될 때에는 질문을 하기 위하여 가까운 검문소나 군부대 또는 국가경찰관서로 동행할 것을 요구할 수 있다.

③ 작전임무수행자는 제1항 및 제2항에 따라 질문을 할 때에 상대방이 흉기나 총기를 지니고 있는지를 조사할 수 있다.

④ 작전임무수행자는 제1항 또는 제2항에 따라 질문을 하거나 동행을 요구할 경우 자신의 신분, 소속, 직책 및 성명을 밝히고 그 목적과 이유를 설명하여야 하며, 동행을 요구할 때에는 동행장소를 밝혀야 한다.

법 제16조(통제구역 등)

① 시·도지사 또는 시장·군수·구청장은 다음 각 호의 어느 하나에 해당하면 대통령령으로 정하는 바에 따라 인명·신체에 대한 위해를 방지하기 위하여 필요한 통제구역을 설정하고, 통합방위작전 또는 경계태세 발령에 따른 군·경 합동작전에 관련되지 아니한 사람에 대하여는 출입을 금지·제한하거나 그 통제구역으로부터 퇴거할 것을 명할 수 있다.
   1. 통합방위사태가 선포된 경우
   2. 적의 침투·도발 징후가 확실하여 경계태세 1급이 발령된 경우

② 제1항에 따른 통제구역의 설정 기준·절차 및 공고 방법 등에 관하여 필요한 사항은 대통령령으로 정한다.

시행령 제27조(통제구역의 설정기준 등)

① 법 제16조 제1항에 따른 통제구역은 주민의 피해를 최소화하고 통합방위작전의 효율성을 보장할 수 있는 구역으로 설정하되, 그 설정기준은 다음 각 호와 같다.
   1. 교전 등으로 인명·신체에 위해를 줄 수 있는 구역
   2. 교전 상황이 예측되어 작전요원이 아닌 사람의 출입통제가 요구되는 구역
   3. 그 밖에 작전요원이 아닌 사람의 출입으로 통합방위작전에 지장을 줄 우려가 있는 구역

② 특별시장·광역시장·특별자치시장·도지사·특별자치도지사·시장·군수 또는 자치구의 구청장(이하 "시·도지사등"이라 한다)은 통제구역을 설정하려면 작전지휘관의 제청을 받아 미리 지역협의회의 심의를 거쳐야 한다.

③ 시·도지사등은 통제구역을 설정하였을 때에는 통제구역의 설정기간, 설정구역, 설정사유와 통제구역에서의 금지·제한·퇴거명령의 내용 및 이를 위반한 사람에 대한 벌칙의 내용 등을 구

체적으로 밝혀 관할구역 안의 해당 지방자치단체의 장에게 서면으로 통보하고, 통제구역이 있는 시·군·자치구·읍·면·동의 게시판에 그 사실을 공고하며, 각 신문·방송에 보도되도록 하여야 한다.

법 제17조(대피명령)

① 시·도지사 또는 시장·군수·구청장은 통합방위사태가 선포된 때에는 인명·신체에 대한 위해를 방지하기 위하여 즉시 작전지역에 있는 주민이나 체류 중인 사람에게 대피할 것을 명할 수 있다.

② 제1항에 따른 대피명령(이하 "대피명령"이라 한다)은 방송·확성기·벽보, 그 밖에 대통령령으로 정하는 방법에 따라 공고하여야 한다.

③ 안전대피방법과 대피명령의 실시방법·절차 등에 관하여 필요한 사항은 대통령령으로 정한다.

시행령 제28조(대피명령의 방법)

법 제17조 제2항에서 "대통령령으로 정하는 방법"이란 다음 각 호의 방법을 말한다.

1. 텔레비전·라디오 또는 유선방송 등의 방송
2. 중앙 및 지방의 일간신문에의 게재
3. 해당 지방자치단체의 인터넷 홈페이지에 게시
4. 「정보통신망 이용촉진 및 정보보호 등에 관한 법률」 제2조 제1항 제3호에 따른 정보통신서비스 제공자의 인터넷 홈페이지에 게시
5. 사회 관계망 서비스(Social Network Service)에 게시
6. 전단 살포
7. 비상연락망을 통한 구두전달
8. 타종, 경적 또는 신호기의 게양
9. 휴대전화 긴급 문자메시지

시행령 제29조(대피명령의 실시 방법 및 절차)

① 법 제17조에 따른 대피명령을 실시하려면 작전지휘관은 주민 등의 대피가 필요한 구역을 선정하여 시·도지사등에게 제청하여야 한다.

② 제1항에 따른 작전지휘관의 제청을 받은 시·도지사등은 그 적정성을 검토한 후 대피구역을 결정하고, 법 제17조 제2항 및 이 영 제28조 각 호에 규정된 방법에 따라 대피명령을 공고한 후 작전지휘관에게 대피명령을 집행하도록 요청하여야 한다.

③ 제2항에 따른 대피명령 집행요청을 받은 작전지휘관은 민·관·경·군 및 예비군 등 국가방위요소를 이용하여 대피구역 안의 주민 및 체류자를 대피시켜야 한다.

④ 대피구역 안의 주민 및 체류자는 물자와 장비를 적이 침투·도발 행위에 이용할 수 없도록 조치한 후 작전지휘관의 지시에 따라 신속히 대피하여야 한다.

시행령 제30조(안전대피 방법)

① 작전지휘관은 법 제17조 제3항에 따른 안전대피를 위하여 안전대피 통로 · 시간 · 방법 및 구역을 지정한 후, 대피구역 경계선에 안내요원을 배치하고, 해상의 경우에는 안내선박을 배치하거나 통신망을 유지하여야 한다.

② 대피구역의 주민 및 체류자는 제1항에 따른 안내요원의 지시나 안내선박의 신호 또는 통신 지시에 따라 안전구역으로 대피하여야 한다.

③ 제1항에 따른 안내요원 및 안내선박의 식별을 위한 표지는 작전지휘관이 정하는 바에 따른다.

법 제18조(검문소의 운용)

① 지방경찰청장, 지방해양경찰청장(대통령령으로 정하는 해양경찰서장을 포함), 지역군사령관 및 함대사령관은 관할구역 중에서 적의 침투가 예상되는 곳 등에 검문소를 설치 · 운용할 수 있다. 다만, 지방해양경찰청장이 검문소를 설치하는 경우에는 미리 관할 함대사령관과 협의하여야 한다.

② 검문소의 지휘 · 통신체계 및 운용 등에 필요한 사항은 대통령령으로 정한다.

시행령 제31조(검문소의 설치 · 운용 등)

① 삭제 〈2014.11.19.〉

② 지방경찰청장, 지방해양경찰청장, 지역군사령관 및 함대사령관(이하 "지방경찰청장등"이라 한다)은 법 제18조에 따라 관할구역에서 적의 침투가 예상되는 공항 · 항만 등 지상과 해상의 교통 요충지에 검문소를 설치 · 운용할 수 있다. 이 경우 지방경찰청장은 필요할 때에는 지역군사령관으로부터 예비군을 지원받아 취약지역에 검문소를 설치 · 운용할 수 있다.

③ 지방경찰청장등은 제2항에 따라 국가경찰과 군의 합동검문소를 설치하거나 폐쇄하려면 미리 통합방위본부장에게 보고하거나 통보하여야 한다.

④ 지방경찰청장등은 합동검문소를 설치하려면 인접지역의 국가경찰관서 및 군부대와 검문소 간의 유선 및 무선 통신망을 미리 구성하고 차단물을 확보하는 등 필요한 대비책을 마련하여야 한다.

⑤ 지방경찰청장등은 합동검문소를 설치 · 운용하는 경우에는 국가경찰과 군의 각 지휘체계를 명확히 하되, 검문 등의 업무가 원활하고 효과적으로 이루어질 수 있도록 서로 적극적으로 협조하여야 한다.

법 제19조(신고)

적의 침투 또는 출현이나 그러한 흔적을 발견한 사람은 누구든지 그 사실을 지체 없이 군부대 또는 행정기관에 신고하여야 한다.

법 제20조(통합방위훈련)

통합방위본부장은 효율적인 통합방위작전 수행 및 지원에 대한 절차를 숙달하기 위하여 대통령이 정하는 바에 따라 국가방위요소가 참여하는 통합방위훈련을 실시한다.

제5장 국가중요시설 및 취약지역 관리

법 제21조(국가중요시설의 경비 · 보안 및 방호)

① 국가중요시설의 관리자(소유자를 포함한다)는 경비 · 보안 및 방호책임을 지며, 통합방위사태에 대비하여 자체방호계획을 수립하여야 한다. 이 경우 국가중요시설의 관리자는 자체방호계획을 수립하기 위하여 필요하면 지방경찰청장 또는 지역군사령관에게 협조를 요청할 수 있다.

② 지방경찰청장 또는 지역군사령관은 통합방위사태에 대비하여 국가중요시설에 대한 방호지원계획을 수립 · 시행하여야 한다.

③ 국가중요시설의 평시 경비 · 보안활동에 대한 지도 · 감독은 관계 행정기관의 장과 국가정보원장이 수행한다.

④ 국가중요시설은 국방부장관이 관계 행정기관의 장 및 국가정보원장과 협의하여 지정한다.

⑤ 국가중요시설의 자체방호, 방호지원계획, 그 밖에 필요한 사항은 대통령령으로 정한다.

시행령 제32조(국가중요시설의 경비 · 보안 및 방호)

국가중요시설의 경비 · 보안 및 방호를 위하여 국가중요시설의 관리자(소유자를 포함한다), 지방경찰청장, 지역군사령관 및 대대 단위 지역책임 부대장은 다음 각 호의 구분에 따른 업무를 수행하여야 한다.

　1. 관리자의 경우에는 다음 각 목의 업무

　　가. 청원경찰, 특수경비원, 직장예비군 및 직장민방위대 등 방호인력, 장애물 및 과학적인 감시장비를 통합하는 것을 내용으로 하는 자체방호계획의 수립 · 시행. 이 경우 자체방호계획에는 관리자 및 특수경비업자의 책임하에 실시하는 통합방위법령과 시설의 경비 · 보안 및 방호 업무에 관한 직무교육과 개인화기를 사용하는 실제의 사격훈련에 관한 사항이 포함되어야 한다.

　　나. 국가중요시설의 자체방호를 위한 통합상황실과 지휘 · 통신망의 구성 등 필요한 대비책의 마련

　2. 지방경찰청장 및 지역군사령관의 경우에는 관할 지역 안의 국가중요시설에 대하여 군 · 경찰 · 예비군 및 민방위대 등의 국가방위요소를 통합하는 것을 내용으로 하는 방호지원계획의 수립 · 시행. 이 경우 경찰은 경찰서 단위의 방호지원계획을 수립 · 시행하고 군은 대대 단위의 방호지원계획을 수립 · 시행하여야 한다.

3. 관리자와 대대 단위 지역책임 부대장(경찰관할지역의 경우에는 경찰서장을 말한다)은 국가중
   요시설의 방호를 위한 역할분담 등에 관한 협정을 체결하고, 자체방호계획 또는 대대 단위나
   경찰서 단위의 방호지원계획을 작성하거나 변경하는 때에는 그 사실을 서로 통보한다.

법 제22조(취약지역의 선정 및 관리 등)

① 시·도지사는 다음 각 호의 어느 하나에 해당하는 지역을 대통령령으로 정하는 바에 따라 연 1
  회 분석하여 시·도 협의회의 심의를 거쳐 취약지역으로 선정하거나 선정된 취약지역을 해제할
  수 있다. 이 경우 선정하거나 해제한 결과를 통합방위본부장에게 통보하여야 한다.
  1. 교통·통신시설이 낙후되어 즉각적인 통합방위작전이 어려운 오지 또는 벽지
  2. 간첩이나 무장공비가 침투한 사실이 있거나 이들이 숨어서 활동하기 쉬운 지역
  3. 적이 저공(低空) 침투하거나 저속 항공기가 착륙하기 쉬운 탁 트인 곳 또는 호수

> **시행령 제33조(탁 트인 곳 또는 호수의 정의)**
> 법 제22조 제1항 제3호에 따른 탁 트인 곳 또는 호수는 다음 각 호의 기준에 해당하는 것으로 한다.
> 1. 폭 30미터 이상, 길이 250미터 이상(길이 방향으로 전·후에 장애물이 없는 경우에는 길이 200
>   미터 이상을 말한다)의 규모
> 2. 탁 트인 곳의 경사도는 정방향으로 12도 이내, 좌·우측 방향으로 5도이내
> 3. 호수는 수심 80센티미터 이상

  4. 그 밖에 대통령령으로 정하는 지역

> **시행령 제34조(취약지역의 선정 및 해제 등)**
> ① 법 제22조 제1항 제4호에서 "대통령령으로 정하는 지역"이란 해역, 해안 및 섬 등의 지역 중 적
>   이 침투하거나 숨어서 활동하기 쉬운 지역을 말한다.
> ② 지역군사령관, 함대사령관 및 지방경찰청장은 매년 관할구역 중 법 제22조 제1항 각 호에 해당
>   하는 지역에 대하여 지형의 특성, 적의 침투에 취약한 요소 및 지역개발에 따른 통합방위환경
>   의 변화 실태 등을 검토·분석하여 특별시장·광역시장·특별자치시장·도지사·특별자치도지사
>   (이하 "시·도지사"라 한다)에게 그 내용을 통보하여야 한다.
> ③ 시·도지사는 법 제22조 제1항에 따라 취약지역을 선정하거나 선정된 취약지역을 해제하는 경
>   우에는 제2항에 따라 통보받은 내용 및 그 지역에 대한 자체분석 결과를 고려하고, 시·도 협
>   의회의 심의를 거쳐야 한다.

② 제1항에도 불구하고 통합방위본부장은 둘 이상의 시·도에 걸쳐 있거나 국가적인 통합방위 대
  비책이 필요한 지역을 실무위원회의 심의를 거쳐 취약지역으로 선정하거나 선정된 취약지역을
  해제할 수 있다. 이 경우 선정하거나 해제한 결과를 관할 시·도지사에게 통보하여야 한다.
③ 시·도지사는 제1항과 제2항에 따라 선정된 취약지역에 장애물을 설치하는 등 취약지역의 통합
  방위를 위하여 필요한 대비책을 마련하여야 한다.
④ 지역군사령관은 취약지역 중 방호 활동이 필요하다고 인정되는 해안 또는 강안(江岸)에 철책 등
  차단시설을 설치하고 대통령령으로 정하는 바에 따라 민간인의 출입을 제한할 수 있다.

⑤ 제3항에 따른 취약지역의 통합방위 대비책에 관하여 필요한 사항은 대통령령으로 정하는 기준에 따라 시·도의 조례로 정한다.

시행령 제35조(차단시설의 설치 및 출입제한)

① 지역군사령관이 법 제22조 제4항에 따라 취약지역에 차단시설을 설치하여 민간인의 출입을 제한하려면 미리 시·도지사에게 그 사실을 통보하여야 하고, 별표의 표지를 철책 등의 차단시설에 300미터 이내의 간격으로 부착하여야 한다.

② 지역군사령관은 제1항에 따라 차단시설이 설치된 취약지역에 출입하려는 민간인에 대해서는 인적사항, 출입목적 및 출입지역을 확인하여 출입제한 조치를 할 수 있다.

시행령 제36조(취약지역 통합방위 대비책의 기준)

법 제22조 제5항에 따른 취약지역의 통합방위 대비책에 관한 세부 사항에는 다음 각 호의 사항이 포함되어야 한다.

1. 일반적인 사항으로서 다음 각 목의 사항
   가. 취약지역의 도로 개설에 대한 연차계획
   나. 통합방위작전을 위한 통신망의 확보·유지
   다. 취약지역 내 주민 신고망의 조직
   라. 관계 기관과의 협조하에 적 침투전술 및 신고요령에 대한 계몽과 홍보 활동
   마. 거동이 수상한 사람의 식별 및 신고를 위한 주기적 신고 훈련
   바. 취약지역에 대한 대민 의료 활동 및 봉사 활동의 실시
2. 제33조에 따른 탁 트인 곳에 대해서는 다음 각 목의 어느 하나에 해당하는 장애물의 설치. 이 경우 장애물은 통합방위본부장이 정하는 규격에 따르되, 이동식 장애물은 평시에 제작·확보하고 그 설치 방법을 자세히 알도록 하여 유사시 바로 설치할 수 있도록 하며, 그 설치·운용을 위하여 필요할 때에는 지역군사령관의 통제를 받도록 하여야 한다.
   가. 10년생 이상의 입목
   나. 모래벙커 또는 연못
   다. 이동식 장애물(바리케이드, 철침, 1미터 50센티미터 이상 높이의 와이어로프 또는 장애물로서 효과가 있는 차량 등을 말한다)
   라. 그 밖에 장애물로 활용할 수 있는 체육·문화시설 등의 구조물
3. 제33조에 따른 호수에 대해서는 자체적으로 실시하는 수상 순찰활동 등 대비책의 시행

제6장 보칙

법 제23조(문책 및 시정요구 등)

① 통합방위본부장은 통합방위 업무를 담당하는 공무원 또는 통합방위작전 및 훈련에 참여한 사람이 그 직무를 게을리하여 국가안전보장이나 통합방위 업무에 중대한 지장을 초래한 경우에는 그 소속 기관 또는 직장의 장에게 해당자의 명단을 통보할 수 있다.

② 제1항에 따른 통보를 받은 소속 기관 또는 직장의 장은 특별한 사유가 없으면 징계 등 적절한 조치를 하여야 하고, 그 결과를 통합방위본부장에게 통보하여야 한다.

③ 통합방위본부장은 국가중요시설에 대한 방호태세 유지를 위하여 필요하면 제21조 제1항 및 제2항에 따라 수립된 국가중요시설의 자체방호계획 및 방호지원계획의 시정을 요구할 수 있다.

시행령 제37조(문책요구 등)

① 법 제23조 제1항에서 직무를 게을리하여 국가안전보장이나 통합방위 업무에 중대한 지장을 초래한 경우는 다음 각 호의 어느 하나에 해당하는 경우로 한다.
   1. 정당한 사유 없이 통합방위작전 또는 훈련을 기피하여 통합방위작전 또는 훈련에 중대한 지장을 초래한 경우
   2. 통합방위작전 또는 훈련에 참여한 사람이 고의로 작전 또는 훈련을 기피하고 통제에 불복하여 훈련 또는 작전에 중대한 지장을 초래하거나 인원, 장비 또는 시설 등 전투력의 손실을 초래한 경우
   3. 통합방위작전에 참여한 사람이 고의 또는 중대한 과실로 거짓보고 · 지연보고, 즉각 대응 미흡 등 대응조치의 부실로 적을 도주하게 하거나 잠적하게 하는 등 통합방위작전의 지연 · 변경 또는 실패를 초래한 경우
   4. 그 밖에 통합방위업무를 담당한 공무원이 그 업무를 게을리하여 통합방위태세에 허점이 생기도록 하는 등 통합방위업무에 중대한 지장을 초래한 경우

② 통합방위본부장은 소속 공무원에게 법 제23조에 따른 문책요구를 위하여 필요한 조사를 하게 할 수 있다.

③ 통합방위본부장은 제2항의 조사를 위하여 필요한 경우에는 관련자의 소속 기관 또는 관계 기관과의 합동조사를 요구하거나 필요한 자료를 요청할 수 있다.

④ 통합방위본부장은 제2항 및 제3항에 따른 조사 결과 등을 보고받으면 통합방위 실무위원회의 심의를 거쳐 해당자에 대한 문책요구 여부를 결정한다.

제7장 벌칙

법 제24조(벌칙)

① 제16조 제1항의 출입 금지 · 제한 또는 퇴거명령을 위반한 사람은 1년 이하의 징역 또는 1천만 원 이하의 벌금에 처한다

② 제17조 제1항의 대피명령을 위반한 사람은 300만 원 이하의 벌금에 처한다.

03 원자력시설 등의 방호 및 방사능 방재 대책법

[시행 2018.6.20.]

제1장 총칙

제1조(목적)

이 법은 핵물질과 원자력시설을 안전하게 관리·운영하기 위하여 물리적방호체제 및 방사능재난 예방체제를 수립하고, 국내외에서 방사능재난이 발생한 경우 효율적으로 대응하기 위한 관리체계를 확립함으로써 국민의 생명과 재산을 보호함을 목적으로 한다.

제2조(정의)

① 이 법에서 사용하는 용어의 뜻은 다음과 같다.
  1. "핵물질"이란 우라늄, 토륨 등 원자력을 발생할 수 있는 물질과 우라늄광, 토륨광, 그 밖의 핵연료물질의 원료가 되는 물질 중 대통령령으로 정하는 것을 말한다.

> 시행령 제3조(핵물질)
> 법 제2조 제1항 제1호에서 "대통령령이 정하는 것"이라 함은 다음 각 호의 물질을 말한다.
> 1. 우라늄 233 및 그 화합물
> 2. 우라늄 235 및 그 화합물
> 3. 토륨 및 그 화합물
> 4. 플루토늄(플루토늄 238의 농축도가 80퍼센트 초과한 것을 제외한 플루토늄을 말한다) 및 그 화합물
> 5. 제1호 내지 제4호의 물질이 1 이상 함유된 물질
> 6. 우라늄 및 그 화합물 또는 토륨 및 그 화합물이 함유된 물질로서 제1호 내지 제5호의 물질외의 물질

  2. "원자력시설"이란 발전용 원자로, 연구용 원자로, 핵연료 주기시설, 방사성폐기물의 저장·처리·처분시설, 핵물질 사용시설, 그 밖에 대통령령으로 정하는 원자력 이용과 관련된 시설을 말한다.

시행령 제4조(원자력이용과 관련된 시설)

법 제2조 제1항 제2호에서 "그 밖에 대통령령이 정하는 원자력이용과 관련된 시설"이라 함은 다음 각 호의 시설을 말한다.

1. 발전용 또는 연구용 원자로의 관계시설
2. 열출력 100와트 이상인 교육용원자로 및 그 관계시설
3. 대한민국의 항구에 입항 또는 출항하는 외국원자력선(「원자력안전법」 제31조 제1항 각 호의 어느 하나에 해당하는 자가 소유하는 선박으로서 원자로를 설치한 선박을 말하며, 군함을 제외한다)
4. 18.5 페타베크렐 이상의 방사성동위원소를 생산·판매 또는 사용하는 시설

3. "물리적방호"란 핵물질과 원자력시설에 대한 안팎의 위협을 사전에 방지하고, 위협이 발생한 경우 신속하게 탐지하여 적절한 대응조치를 하며, 사고로 인한 피해를 최소화하기 위한 모든 조치를 말한다.

4. "불법이전"이란 정당한 권한 없이 핵물질을 수수(授受)·소지·소유·보관·사용·운반·개조·처분 또는 분산하는 것을 말한다.

5. "사보타주"란 정당한 권한 없이 방사성물질을 배출하거나 방사선을 노출하여 사람의 건강·안전 및 재산 또는 환경을 위태롭게 할 수 있는 다음 각 목의 어느 하나에 해당하는 행위를 말한다.

   가. 핵물질 또는 원자력시설을 파괴·손상하거나 그 원인을 제공하는 행위
   나. 원자력시설의 정상적인 운전을 방해하거나 방해를 시도하는 행위

5의2. "원자력시설 컴퓨터 및 정보시스템"이란 원자력시설의 전자적 제어·관리시스템 및 「정보통신망 이용촉진 및 정보보호 등에 관한 법률」 제2조 제1항 제1호에 따른 정보통신망을 말한다.

5의3. "전자적 침해행위"란 사용·저장 중인 핵물질의 불법이전과 원자력시설 및 핵물질의 사보타주를 야기하기 위하여 해킹, 컴퓨터바이러스, 논리·메일폭탄, 서비스거부 또는 고출력 전자기파 등의 방법으로 원자력시설 컴퓨터 및 정보시스템을 공격하는 행위를 말한다.

6. "위협"이란 다음 각 목의 어느 하나에 해당하는 것을 말한다.

   가. 사보타주
   나. 전자적 침해행위
   다. 사람의 생명·신체를 해치거나 재산·환경에 손해를 끼치기 위하여 핵물질을 사용하는 것
   라. 사람, 법인, 공공기관, 국제기구 또는 국가에 대하여 어떤 행위를 강요하기 위하여 핵물질을 취득하는 것

7. "방사선비상"이란 방사성물질 또는 방사선이 누출되거나 누출될 우려가 있어 긴급한 대응 조치가 필요한 상황을 말한다.

8. "방사능재난"이란 방사선비상이 국민의 생명과 재산 및 환경에 피해를 줄 수 있는 상황으로 확대되어 국가적 차원의 대처가 필요한 재난을 말한다.

9. "방사선비상계획구역"이란 원자력시설에서 방사선비상 또는 방사능재난이 발생할 경우 주민 보호 등을 위하여 비상대책을 집중적으로 마련할 필요가 있어 제20조의2에 따라 설정된 구역으로서 다음 각 목의 구역을 말한다.

　　가. 예방적보호조치구역 : 원자력시설에서 방사선비상이 발생할 경우 사전에 주민을 소개(疏開)하는 등 예방적으로 주민보호 조치를 실시하기 위하여 정하는 구역

　　나. 긴급보호조치계획구역 : 원자력시설에서 방사선비상 또는 방사능재난이 발생할 경우 방사능영향평가 또는 환경감시 결과를 기반으로 하여 구호와 대피 등 주민에 대한 긴급보호 조치를 위하여 정하는 구역

10. "원자력사업자"란 다음 각 목의 어느 하나에 해당하는 자를 말한다.

　　가. 「원자력안전법」 제10조에 따라 발전용 원자로 및 관계시설의 건설허가를 받은 자

　　나. 「원자력안전법」 제20조에 따라 발전용 원자로 및 관계시설의 운영허가를 받은 자

　　다. 「원자력안전법」 제30조에 따라 연구용 또는 교육용 원자로 및 관계시설의 건설·운영허가를 받은 자

　　라. 「원자력안전법」 제31조에 따라 대한민국의 항구에 입항(入港) 또는 출항(出港)의 신고를 한 외국원자력선운항자

　　마. 「원자력안전법」 제35조 제1항에 따라 핵원료물질 또는 핵연료물질의 정련사업(精鍊事業) 또는 가공사업의 허가를 받은 자

　　바. 「원자력안전법」 제35조 제2항에 따라 사용후 핵연료처리사업의 지정을 받은 자

　　사. 「원자력안전법」 제45조에 따라 핵연료물질의 사용 또는 소지 허가를 받은 자 중에서 「원자력안전위원회의 설치 및 운영에 관한 법률」 제3조에 따른 원자력안전위원회(이하 "원자력안전위원회"라 한다)가 정하여 고시하는 자

　　아. 「원자력안전법」 제63조에 따라 방사성폐기물의 저장·처리·처분시설 및 그 부속시설의 건설·운영허가를 받은 자

　　자. 그 밖에 방사성물질, 핵물질 또는 원자력시설의 방호와 재난대책을 수립·시행할 필요가 있어 대통령령으로 정하는 자

② 이 법에서 사용하는 용어의 뜻은 제1항에서 규정한 것을 제외하고는 「원자력안전법」에서 정하는 바에 따른다.

제2장 핵물질 및 원자력시설의 물리적방호

제3조(물리적방호시책의 마련)

① 정부는 핵물질 및 원자력시설(이하 "원자력시설등"이라 한다)에 대한 물리적방호를 위한 시책(이하 "물리적방호시책"이라 한다)을 마련하여야 한다.

② 물리적방호시책에는 다음 각 호의 사항이 포함되어야 한다.

1. 핵물질의 불법이전에 대한 방호

2. 분실되거나 도난당한 핵물질을 찾아내고 회수하기 위한 대책

3. 원자력시설등에 대한 사보타주의 방지

3의2. 전자적 침해행위의 방지

4. 원자력시설등에 대한 사보타주에 따른 방사선 영향에 대한 대책

5. 전자적 침해행위에 따른 방사선 영향에 대한 대책

제4조(물리적방호체제의 수립 등)

① 정부는 물리적방호시책을 이행하기 위하여 정기적으로 원자력시설등에 대한 위협을 평가하여 물리적방호체제를 수립하여야 한다. 이 경우 원자력시설등에 대한 위협 평가 및 물리적방호체제의 수립에 필요한 사항은 대통령령으로 정한다.

② 원자력안전위원회는 제1항에 따른 물리적방호체제의 수립에 필요하다고 인정하면 관계 중앙행정기관의 장에게 협조를 요청할 수 있다.

③ 원자력안전위원회는 제1항에 따른 물리적방호체제의 수립에 필요하다고 인정하면 다음 각 호의 자에게 방호 관련 시설·장비의 확보 및 운영 관리 등 대통령령으로 정하는 필요한 조치를 요구하거나 명할 수 있다.

1. 방사선비상계획구역의 전부 또는 일부를 관할하는 특별시장·광역시장·특별자치시장·도지사·특별자치도지사(이하 "시·도지사"라 한다)

2. 방사선비상계획구역의 전부 또는 일부를 관할하는 시장·군수·구청장(자치구의 구청장을 말한다. 이하 같다)

3. 원자력사업자

4. 대통령령으로 정하는 공공기관, 공공단체 및 사회단체(이하 "지정기관"이라 한다)의 장

④ 제2항과 제3항에 따른 요청이나 요구를 받은 기관의 장과 사업자는 특별한 사유가 없으면 이에 따라야 한다.

> **시행령 제7조(위협평가 및 물리적방호체제의 수립)**
> ① 법 제4조제1항에 따라 「원자력안전위원회의 설치 및 운영에 관한 법률」 제3조에 따른 원자력안전위원회(이하 "원자력안전위원회"라 한다)는 법 제3조 제1항에 따른 물리적방호시책을 이행하기 위하여 3년마다 다음 각 호의 사항을 고려하여 원자력시설등에 대한 위협을 평가하고 물리적방호체제 설계·평가의 기준이 되는 위협(이하 "설계기준위협"이라 한다)을 설정하여야 한다. 다만, 물리적방호 관련 사고가 발생하거나 발생할 우려가 있다고 판단되는 경우에는 수시로 위협을 평가하고 설계기준위협을 설정할 수 있다.
> 1. 위협의 요인
> 2. 위협의 발생 가능성
> 3. 위협의 발생에 따른 결과
> ② 원자력안전위원회는 제1항에 따라 설정된 설계기준위협을 반영하여 원자력시설등에 대한 물리적방호체제를 수립하여야 한다.

③ 원자력안전위원회는 제1항에 따른 위협평가를 효율적으로 하기 위하여 관계 중앙행정기관의 장에게 협조를 요청할 수 있다. 이 경우 전자적 침해행위의 방지 및 원자력시설 컴퓨터 및 정보시스템의 보안과 관련한 사항에 대해서는 국가정보원장에게 우선적으로 협조를 요청하여야 한다.

④ 법 제4조 제3항 제4호에서 "대통령령으로 정하는 공공기관, 공공단체 및 사회단체"란 다음 각 호의 기관 및 단체(이하 "지정기관"이라 한다)를 말한다.

1. 방사선비상계획구역의 전부 또는 일부를 관할구역으로 하는 지방경찰청 또는 경찰서

2. 중앙119구조본부

3. 방사선비상계획구역의 전부 또는 일부를 관할구역으로 하는 소방본부 및 소방서

4. 방사선비상계획구역의 전부 또는 일부를 관할구역으로 하는 교육청

5. 방사선비상계획구역의 전부 또는 일부를 관할구역으로 하는 해양경찰서

6. 방사선비상계획구역의 전부 또는 일부를 관할구역으로 하는 지방기상청

7. 방사선비상계획구역의 전부 또는 일부를 관할구역으로 하는 보건소

8. 방사선비상계획구역의 전부 또는 일부를 관할구역으로 하는 군부대로서 국방부장관이 지정하는 군부대

9. 「한국원자력안전기술원법」에 의한 한국원자력안전기술원(이하 "한국원자력안전기술원"이라 한다)

9의2. 「원자력안전법」 제6조에 따른 한국원자력통제기술원(이하 "한국원자력통제기술원"이라 한다)

10. 「방사선 및 방사성동위원소 이용진흥법」 제13조의2에 따른 한국원자력의학원(이하 "한국원자력의학원"이라 한다)

11. 「민법」 제32조 및 「공익법인의 설립·운영에 관한 법률」에 의하여 원자력안전위원회의 허가를 받아 설립된 한국방사성동위원소협회

12. 「대한적십자사 조직법」에 의한 대한적십자사

13. 그 밖에 원자력안전위원회가 물리적방호체제의 수립에 필요하다고 인정하여 지정하는 기관 및 단체

⑤ 법 제4조 제3항 각 호 외의 부분에서 "대통령령으로 정하는 필요한 조치"란 다음 각 호의 조치를 말한다.

1. 원자력시설등에 대한 위협에 효과적으로 대처하기 위한 물리적방호관련 시설·장비의 설치·운영관리(원자력사업자에 한한다)

2. 원자력시설등에 대한 위협에 효과적으로 대처하기 위한 물리적방호관련 조직 및 인력의 운영(원자력사업자에 한한다)

3. 물리적방호관련 업무를 수행하는 자에 대한 교육 및 훈련

4. 원자력안전위원회가 원자력시설등에 대한 구체적인 위협 정보를 입수한 경우 그에 대한 방호조치

5. 원자력시설등의 물리적방호체제의 설계·운영 및 변경 등이 원자력시설등의 안전에 미치는 영향의 평가 및 보완조치(원자력사업자에 한정한다)

제5조(원자력시설등의 물리적방호협의회)

① 원자력시설등의 물리적방호에 관한 국가의 중요 정책을 심의하기 위하여 원자력안전위원회 소속으로 원자력시설등의 물리적방호협의회(이하 "방호협의회"라 한다)를 둔다.

② 방호협의회의 의장은 원자력안전위원회 위원장이 되고, 방호협의회의 위원은 기획재정부, 과학기술정보통신부, 국방부, 행정안전부, 농림축산식품부, 산업통상자원부, 보건복지부, 환경부, 국토교통부, 해양수산부의 고위공무원단에 속하는 일반직공무원 또는 이에 상당하는 공무원[국방부의 경우에는 이에 상당하는 장성급(將星級) 장교를 포함한다] 중에서 해당 기관의 장이 지명하는 각 1명과 대통령령으로 정하는 중앙행정기관의 공무원 또는 관련 기관·단체의 장이 된다.

③ 방호협의회의 운영 등에 필요한 사항은 대통령령으로 정한다.

제6조(방호협의회의 기능)

방호협의회는 다음 각 호의 사항을 심의한다.
  1. 물리적방호에 관한 중요 정책
  2. 물리적방호체제의 수립
  3. 물리적방호체제의 이행을 위한 관계 기관 간 협조 사항
  4. 물리적방호체제의 평가
  5. 그 밖에 물리적방호와 관련하여 의장이 필요하다고 인정하여 회의에 부치는 사항

제7조(지역방호협의회)

① 대통령령으로 정하는 원자력시설등이 있는 지방자치단체에 소관 원자력시설등의 물리적방호에 관한 사항을 심의하기 위하여 시·도지사 소속으로 시·도 방호협의회를 두고, 시장·군수·구청장 소속으로 시·군·구 방호협의회를 둔다.

② 시·도 방호협의회의 의장은 시·도지사가 되고, 시·군·구 방호협의회의 의장은 시장·군수·구청장이 된다.

③ 시·도 방호협의회 및 시·군·구 방호협의회(이하 "지역방호협의회"라 한다)는 다음 각 호의 사항을 심의한다.
  1. 해당 지역의 물리적방호에 관한 중요 정책
  2. 해당 지역의 물리적방호체제 수립
  3. 해당 지역의 물리적방호체제 이행을 위한 관계 기관 간 협조사항
  4. 해당 지역의 물리적방호체제 평가
  5. 그 밖에 해당 지역의 물리적방호와 관련하여 의장이 필요하다고 인정하여 회의에 부치는 사항

④ 지역방호협의회의 구성·운영 등에 필요한 사항은 대통령령으로 정한다.

제8조(물리적방호 대상 핵물질의 분류 등)

① 물리적방호의 대상이 되는 핵물질은 잠재적 위험의 정도를 고려하여 대통령령으로 정하는 바에 따라 등급Ⅰ, 등급Ⅱ 및 등급Ⅲ으로 분류한다.

핵물질의 등급별 분류(시행령 별표1)

핵물질		등급		
물질	형태	등급Ⅰ	등급Ⅱ	등급Ⅲ
플루토늄	미조사(未照射)	2kg 이상	500g 초과 2kg 미만	15g 초과 500g 이하
우라늄 235	우라늄 235의 농축도가 20% 이상인 미조사 우라늄	5kg 이상	1kg 초과 5kg 미만	15g 초과 1kg 이하
	우라늄 235의 농축도가 10% 이상 20% 미만인 미조사 우라늄		10kg 이상	1kg 초과 10kg 미만
	우라늄 235의 농축도가 천연우라늄의 농축도 초과 10% 미만인 미조사 우라늄			10kg 이상
우라늄 233	미조사	2kg 이상	500g 초과 2kg 미만	15g 초과 500g 이하
조사된 연료			핵분열성물질 10% 미만의 감손우라늄, 천연우라늄, 토륨 또는 저농축연료	

② 원자력시설등의 물리적방호에 관한 다음 각 호의 요건은 대통령령으로 정한다.
  1. 불법이전에 대한 방호 요건
  2. 사보타주에 대한 방호 요건
  3. 전자적 침해행위에 대한 방호 요건

제9조(물리적방호에 대한 원자력사업자의 책임)

① 원자력사업자는 대통령령으로 정하는 바에 따라 다음 각 호의 사항에 대하여 원자력안전위원회의 승인을 받아야 하고, 이를 변경하려는 경우에도 또한 같다. 다만, 총리령으로 정하는 경미한 사항을 변경하려는 경우에는 원자력안전위원회에 신고하여야 한다.
  1. 제3조 제2항 각 호의 사항을 위한 물리적방호 시설·설비 및 그 운영체제
  2. 원자력시설등의 물리적방호를 위한 규정(이하 "물리적방호규정"이라 한다)
  3. 핵물질의 불법이전 및 원자력시설등의 위협에 대한 조치계획(이하 "방호비상계획"이라 한다)

4. 전자적 침해행위에 대한 원자력시설 컴퓨터 및 정보시스템 보안규정(이하 "정보시스템 보안규정"이라 한다)

② 제1항 각 호의 사항에 대한 작성지침 등 세부기준은 총리령으로 정한다.

제9조의2(물리적방호 교육)

① 원자력사업자의 종업원 및 원자력안전위원회가 정하여 고시하는 물리적방호와 관련된 단체 또는 기관의 직원은 대통령령으로 정하는 바에 따라 원자력안전위원회가 실시하는 물리적방호에 관한 교육(원자력시설 컴퓨터 및 정보시스템 보안교육을 포함한다)을 받아야 한다.

② 원자력안전위원회는 제1항에 따른 교육을 담당할 교육기관을 지정할 수 있다.

③ 제1항에 따른 물리적방호 교육 실시에 필요한 사항은 대통령령으로 정한다.

제9조의3(물리적방호 훈련)

① 원자력사업자는 총리령으로 정하는 바에 따라 물리적방호 훈련계획을 수립하여 원자력안전위원회의 승인을 받은 후 이를 시행하여야 한다.

② 원자력사업자는 제1항에 따른 물리적방호 훈련을 실시한 후 그 결과를 원자력안전위원회에 보고하여야 한다. 이 경우 원자력안전위원회는 제1항에 따라 실시하는 물리적방호 훈련에 대하여 평가할 수 있다.

③ 원자력안전위원회는 제2항 후단에 따른 평가 결과 필요하다고 인정하면 원자력사업자에게 물리적방호규정의 보완 등 필요한 조치를 명할 수 있다. 이 경우 원자력사업자는 이에 대한 이행계획 및 조치 결과를 원자력안전위원회에 보고하여야 한다.

제10조(군부대 등의 지원 요청)

① 원자력사업자는 원자력시설등에 대한 위협이 있거나 그러한 우려가 있다고 판단되면 그 원자력시설등의 방호 또는 분실되거나 도난당한 핵물질의 회수를 위하여 관할 군부대, 경찰관서 또는 그 밖의 행정기관의 장에게 지원을 요청할 수 있다.

② 제1항의 지원 요청을 받은 군부대, 경찰관서 또는 그 밖의 행정기관의 장은 특별한 사유가 없으면 요청에 따라야 한다.

제11조(보고 등)

원자력사업자는 원자력시설등에 대하여 위협을 받았을 때 또는 제10조 제1항에 따라 관할 군부대, 경찰관서 또는 그 밖의 행정기관의 장에게 지원을 요청하였을 때에는 총리령으로 정하는 바에 따라 원자력안전위원회에 보고하고, 관할 시·도지사 및 시장·군수·구청장에게 이를 알려야 한다.

제12조(검사 등)

① 원자력사업자는 원자력시설등의 물리적방호에 대하여 대통령령으로 정하는 바에 따라 원자력안전위원회의 검사를 받아야 한다.

> **시행령 제18조(검사) 제1항**
> 법 제12조 제1항에 따라 원자력사업자는 다음 각 호의 구분에 따라 원자력안전위원회의 검사를 받아야 한다.
> 1. 최초검사 : 핵물질, 방사성물질 또는 방사성폐기물을 원자력시설에 반입하기 전에 해당 원자력시설에 대한 방호에 관한 검사. 다만, 해당 시설 본래의 이용 목적이 아닌 「비파괴검사기술의 진흥 및 관리에 관한 법률」 제2조에 따른 비파괴검사 등을 위하여 방사성물질을 반입하는 경우는 제외한다.
> 2. 정기검사 : 사업소 또는 부지별로 2년마다 해당 원자력시설등에 대한 방호에 관한 검사
> 3. 운반검사 : 핵물질을 해당 사업소 외의 장소로부터 해당 사업소로 운반하거나 외국으로부터 국내에 반입하여 해당 사업소로 운반하고자 하는 경우 해당 핵물질에 대한 방호에 관한 검사
> 4. 특별검사 : 다음 각목의 1에 해당하는 경우 당해 원자력시설등에 대한 물리적방호에 관한 검사
>   가. 원자력시설등에 물리적방호와 관련한 사고가 발생한 경우
>   나. 법 제9조 제1항 각호외의 부분 본문의 규정에 따라 물리적방호규정등에 대한 변경승인을 얻은 경우

② 원자력안전위원회는 제1항에 따른 검사 결과 다음 각 호의 어느 하나에 해당할 때에는 원자력사업자에게 그 시정을 명할 수 있다.
1. 제8조 제2항에 따른 방호 요건을 위반한 사실이 있을 때
2. 제9조 제1항 제1호에 따른 물리적방호를 위한 시설·설비 또는 그 운영체제가 총리령으로 정하는 기준에 미치지 못할 때
3. 물리적방호규정을 위반하였을 때
4. 방호비상계획에 따른 조치가 미흡할 때
4의2. 정보시스템 보안규정을 위반하였을 때
5. 물리적방호규정, 방호비상계획 및 정보시스템 보안규정의 보완이 필요할 때
6. 제9조의2 제1항에 따른 교육을 받지 아니하였을 때
7. 제9조의3 제1항에 따른 물리적방호 훈련을 승인된 계획에 따라 실시하지 아니하였거나 같은 조 제3항에 따른 이행계획에 따라 보완조치를 하지 아니하였을 때

제13조(핵물질의 국제운송방호)

「핵물질 및 원자력시설의 물리적 방호에 관한 협약」의 요건에 따라 국제 운송 중인 핵물질이 방호될 것이라는 보장을 관련 국가로부터 받지 아니한 자는 핵물질을 수출하거나 수입할 수 없다.

제13조의2(국제협력 등)

① 외교부장관은 제47조에 따른 범죄의 실행 또는 준비에 대하여 알게 된 정보가 명백하고 그 범죄의 정도가 객관적으로 중대하다고 인정되는 경우에는 「핵테러행위의 억제를 위한 국제협약」, 「핵물질 및 원자력시설의 물리적 방호에 관한 협약」 및 그 밖의 국제협약 또는 양자 간 협정에 따라 해당 국제기구 및 관련 국가에 그 내용을 알려야 한다.

② 제1항에도 불구하고 외교부장관은 제1항에 따른 통보가 다른 법률에 위배되거나 대한민국 또는 다른 국가의 안전을 저해할 우려가 있다고 인정하는 경우에는 통보를 하지 아니할 수 있다.

제14조(기록과 비치)

원자력사업자는 원자력시설등의 물리적방호에 관한 사항을 총리령으로 정하는 바에 따라 기록하여 그 사업소마다 갖추어 두어야 한다.

제15조(비밀누설 금지 등)

제3조부터 제14조까지의 규정에 따른 직무에 종사하거나 종사하였던 방호협의회(지역방호협의회를 포함한다)의 위원, 공무원 또는 관련 종사자는 그 직무상 알게 된 물리적방호에 관한 비밀을 누설하거나 이 법 시행을 위한 목적 외의 용도로 이용하여서는 아니 된다.

제16조(적용 범위)

이 장의 규정은 평화적 목적에 사용되는 국내의 원자력시설등과 대한민국으로부터 또는 대한민국으로 국제 운송 중인 핵물질에 적용한다.

제3장 방사능 방재대책

제1절 방사능재난 관리 및 대응체제

제17조(방사선비상의 종류)

① 원자력시설등의 방사선비상의 종류는 사고의 정도와 상황에 따라 백색비상, 청색비상 및 적색비상으로 구분한다.

② 제1항의 방사선비상의 종류에 대한 기준, 각 종류별 대응 절차 및 그 밖에 필요한 사항은 대통령령으로 정한다.

제18조(국가방사능방재계획의 수립 등)

① 원자력안전위원회는 대통령령으로 정하는 바에 따라 방사선비상 및 방사능재난(이하 "방사능재난등"이라 한다) 업무에 관한 계획(이하 "국가방사능방재계획"이라 한다)을 수립하여 국무총리에게 제출하고, 국무총리는 이를 「재난 및 안전관리기본법」 제9조에 따른 중앙안전관리위원회의 심의를 거쳐 확정한 후 관계 중앙행정기관의 장에게 통보하여야 한다.

② 원자력안전위원회는 제1항에 따라 확정된 국가방사능방재계획을 방사선비상계획구역의 전부 또는 일부를 관할하는 시·도지사, 시장·군수·구청장에게 통보하여야 한다.

③ 원자력안전위원회와 관계 중앙행정기관의 장은 국가방사능방재계획 중 맡은 사항에 대하여 지정기관의 장에게 통보하여야 한다.

> 시행령 제20조(국가방사능방재계획의 수립)
> ① 법 제18조 제1항에 따른 국가방사능방재계획(이하 "국가방사능방재계획"이라 한다)은 5년마다 수립한다.
> ② 국가방사능방재계획은 「재난 및 안전관리 기본법」 제22조 제1항에 따른 국가안전관리기본계획과 연계하여 수립하되, 국가방사능방재계획에는 다음 각 호의 사항이 포함되어야 한다.
> 1. 방사선비상 및 방사능재난(이하 "방사능재난등"이라 한다) 업무의 정책목표 및 기본방향
> 2. 방사능재난등 업무의 추진과제
> 3. 방사능재난등 업무에 관한 투자계획
> 4. 원자력안전위원회가 방사능재난등의 발생을 통보하여야 할 대상기관, 통보의 방법 및 절차
> 5. 그 밖에 방사능재난등 업무에 관하여 필요한 사항

제19조(지역방사능방재계획 등의 수립 등)

① 방사선비상계획구역의 전부 또는 일부를 관할하는 시·도지사 및 시장·군수·구청장은 제18조 제2항에 따라 통보받은 국가방사능방재계획에 따라 관할구역에 있는 지정기관의 방사능재난등 관리업무에 관한 계획을 종합하여 시·도 방사능방재계획 및 시·군·구 방사능방재계획(이하 "지역방사능방재계획"이라 한다)을 각각 수립한다.

② 지역방사능방재계획을 수립한 시·도지사 및 시장·군수·구청장은 이를 원자력안전위원회에 제출하고 관할구역의 지정기관의 장에게 알려야 한다.

③ 원자력안전위원회는 제2항에 따라 받은 지역방사능방재계획이 방사능재난등의 대응·관리에 충분하지 아니하다고 인정할 때에는 해당 지방자치단체의 장에게 그 시정 또는 보완을 요구할 수 있다.

제20조(원자력사업자의 방사선비상계획)

① 원자력사업자는 원자력시설등에 방사능재난등이 발생할 경우에 대비하여 대통령령으로 정하는 바에 따라 방사선비상계획(이하 "방사선비상계획"이라 한다)을 수립하여 원자력시설등의 사용을 시작하기 전에 원자력안전위원회의 승인을 받아야 하고, 이를 변경하려는 경우에도 또한 같다. 다만, 총리령으로 정하는 경미한 사항을 변경하려는 경우에는 이를 원자력안전위원회에 신고하여야 한다.

② 원자력사업자는 방사선비상계획을 수립하거나 변경하려는 경우에는 미리 그 내용을 방사선비상계획구역의 전부 또는 일부를 관할하는 시·도지사, 시장·군수·구청장 및 지정기관의 장에게 알려야 한다. 이 경우 해당 시·도지사, 시장·군수·구청장 및 지정기관의 장은 해당 원자력사업자의 방사선비상계획에 대한 의견을 원자력안전위원회에 제출할 수 있다. 다만, 총리령으로 정하는 경미한 사항을 변경하려는 경우에는 그러하지 아니하다.

③ 원자력안전위원회는 제1항 단서에 따른 신고를 받은 경우 그 내용을 검토하여 이 법에 적합하면 신고를 수리하여야 한다.

④ 방사선비상계획의 수립에 관한 세부기준은 총리령으로 정한다.

제20조의2(방사선비상계획구역 설정 등)

① 원자력안전위원회는 원자력시설별로 방사선비상계획구역 설정의 기초가 되는 지역(이하 "기초지역"이라 한다)을 정하여 고시하여야 한다. 이 경우 원자력시설이 발전용 원자로 및 관계시설인 경우에는 다음 각 호의 기준에 따라야 한다.
   1. 예방적보호조치구역 : 발전용 원자로 및 관계시설이 설치된 지점으로부터 반지름 3킬로미터 이상 5킬로미터 이하
   2. 긴급보호조치계획구역 : 발전용 원자로 및 관계시설이 설치된 지점으로부터 반지름 20킬로미터 이상 30킬로미터 이하

② 원자력사업자는 원자력안전위원회가 고시한 기초지역을 기준으로 해당 기초지역을 관할하는 시·도지사와 협의를 거쳐 다음 각 호의 사항을 고려하여 방사선비상계획구역을 설정하여야 한다.
   1. 인구분포, 도로망 및 지형 등 그 지역의 고유한 특성
   2. 해당 원자력시설에서 방사선비상 또는 방사능재난이 발생할 경우 주민보호 등을 위한 비상대책의 실효성

③ 원자력사업자가 방사선비상계획구역을 설정하려는 경우에는 원자력안전위원회의 승인을 받아야 한다. 이를 변경 또는 해제하려는 경우에도 또한 같다.

④ 원자력사업자는 제2항에 따라 설정된 방사선비상계획구역을 제20조에 따른 방사선비상계획의 수립에 반영하여야 한다.

⑤ 제1항에 따른 원자력안전위원회의 고시 및 제2항에 따른 협의 절차 등에 필요한 사항은 대통령령으로 정한다.

제21조(원자력사업자의 의무 등)

① 원자력사업자는 방사능재난등의 예방, 그 확산 방지 및 수습을 위하여 다음 각 호의 조치를 하여야 한다. 다만, 대통령령으로 정하는 소규모 원자력사업자에게는 제2호와 제6호를 적용하지 아니한다.

    1. 방사선비상이 발생한 경우 해당 방사선비상계획으로 정한 절차에 따라 원자력안전위원회, 관할 시·도지사 및 시장·군수·구청장에게 보고

    2. 방사능재난등에 대비하기 위한 기구의 설치·운영

    3. 발생한 방사능재난등에 관한 정보의 공개

    4. 방사선사고 확대 방지를 위한 응급조치 및 응급조치요원 등의 방사선 피폭을 줄이기 위하여 필요한 방사선방호조치

    5. 제27조에 따른 지역방사능방재대책본부의 장과 지정기관의 장의 요청이 있는 경우 방재요원의 파견, 기술적 사항의 자문, 방사선측정장비 등의 대여 등 지원

    6. 방사능재난등에 대비한 업무를 전담하기 위한 인원과 조직의 확보

    7. 그 밖에 방사능재난등의 대처에 필요하다고 인정하여 대통령령으로 정하는 사항

② 제1항 각 호의 사항을 시행하기 위한 기술기준 등에 관하여 필요한 사항은 총리령으로 정한다.

제22조(방사능사고의 신고 등)

① 누구든지 원자력시설 외의 장소에서 방사성물질 운반차량·선박 등의 화재·사고 또는 방사성물질이나 방사성물질로 의심되는 물질을 발견하였을 때에는 지체 없이 원자력안전위원회, 지방자치단체, 소방관서, 경찰관서 또는 인근 군부대 등에 신고하여야 한다.

② 제1항에 따라 신고를 받은 원자력안전위원회 외의 기관장은 지체 없이 이를 원자력안전위원회에 보고하여야 한다.

③ 제1항에 따른 신고 또는 제2항에 따른 보고를 한 경우에는 「재난 및 안전관리기본법」 제19조에 따른 신고 또는 통보를 각각 마친 것으로 본다.

제22조의2(긴급조치)

① 원자력안전위원회는 방사능사고 및 방사능오염확산 또는 그 가능성으로부터 국민의 생명과 건강 또는 환경을 보호하기 위하여 긴급한 조치가 필요하다고 인정하는 경우에는 방사능오염원의 제거, 방사능오염의 확산방지 등을 위하여 필요한 조치를 취할 수 있다.

② 원자력안전위원회는 중앙행정기관, 지정기관 및 관련 법인·개인에게 제1항에 따른 긴급조치를 위하여 필요한 사항을 요청하거나 명할 수 있다.

③ 제2항에 따라 원자력안전위원회로부터 요청 또는 요구를 받은 자는 특별한 사유가 없으면 이에 따라야 한다.

④ 제1항에 따른 긴급조치를 수행하는 자는 그 권한을 나타내는 증표를 지니고 이를 관계인에게 보여주어야 한다.

⑤ 원자력안전위원회는 제1항에 따른 긴급조치를 수행하는 자의 업무를 필요한 범위로 한정하여 함부로 타인의 권리를 제한하거나 정당한 업무를 방해하여서는 아니 된다.

제23조(방사능재난의 선포 및 보고)

① 원자력안전위원회는 다음 각 호의 어느 하나에 해당하는 방사능재난이 발생하였을 때에는 지체 없이 방사능재난이 발생한 것을 선포하여야 한다.
  1. 측정 또는 평가한 피폭방사선량이 대통령령으로 정하는 기준 이상인 경우
  2. 측정한 공간방사선량률 또는 오염도가 대통령령으로 정하는 기준 이상인 경우
  3. 그 밖에 원자력안전위원회가 방사능재난의 발생을 선포할 필요가 있다고 인정하는 경우

② 원자력안전위원회는 제1항에 따른 방사능재난의 발생을 선포한 경우에는 지체 없이 국무총리를 거쳐 대통령에게 다음 각 호의 사항을 보고하여야 한다.
  1. 방사능재난 상황의 개요
  2. 방사능재난 긴급대응조치를 하여야 하는 구역
  3. 방사능재난에 대한 긴급대응 조치사항

> 시행령 제25조(방사능재난 발생의 선포기준)
> ① 법 제23조 제1항 제1호에서 "대통령령이 정하는 기준 이상인 경우"라 함은 원자력시설 부지 경계에서 측정 또는 평가한 피폭방사선량이 다음 각 호의 어느 하나에 해당하는 경우를 말한다.
>   1. 전신선량을 기준으로 시간당 10 밀리시버트 이상인 경우
>   2. 갑상선선량을 기준으로 시간당 50 밀리시버트 이상인 경우
> ② 법 제23조 제1항 제2호에서 "대통령령이 정하는 기준 이상인 경우"라 함은 원자력시설 부지 경계에서 측정한 공간방사선량률이 시간당 1 렌트겐 이상인 경우 또는 오염도가 시간당 1 렌트겐 이상에 상당하는 경우를 말한다.

제24조(방사능재난의 발생 통보)

① 원자력안전위원회는 제21조 제1항 제1호에 따른 보고를 받거나 제23조 제1항에 따라 방사능재난 발생을 선포한 경우에는 국가방사능방재계획에 따라 이를 관련 기관에 지체 없이 통보하여야 한다.

② 원자력안전위원회는 방사능재난의 발생을 선포한 경우에는 대통령령으로 정하는 바에 따라 관할 시·도지사 및 시장·군수·구청장으로 하여금 방사선영향을 받거나 받을 우려가 있는 지역의 주민에게 즉시 방사능재난의 발생상황을 알리게 하고 필요한 대응을 하게 하여야 한다.

제25조(중앙방사능방재대책본부의 설치)

① 원자력안전위원회는 방사능방재에 관한 긴급대응조치를 하기 위하여 그 소속으로 중앙방사능방재대책본부(이하 "중앙본부"라 한다)를 설치하여야 한다.

② 중앙본부의 장(이하 "중앙본부장"이라 한다)은 원자력안전위원회 위원장이 되며, 중앙본부의 위원은 기획재정부차관, 교육부차관, 과학기술정보통신부차관, 외교부차관, 국방부차관, 행정안전부차관, 농림축산식품부차관, 산업통상자원부차관, 보건복지부차관, 환경부차관, 국토교통부차관, 해양수산부차관, 국무조정실 차장, 식품의약품안전처장, 경찰청장, 소방청장, 기상청장, 해양경찰청장, 행정안전부의 재난안전관리사무를 담당하는 본부장과 대통령령으로 정하는 중앙행정기관의 공무원 또는 관련 기관·단체의 장이 된다.

③ 중앙본부에 간사 1명을 두되, 원자력안전위원회 소속 공무원 중에서 중앙본부장이 지명하는 사람이 된다.

④ 중앙본부의 운영 등에 필요한 사항은 대통령령으로 정한다.

제26조(중앙본부장의 권한)

중앙본부장은 방사능재난을 효율적으로 수습하기 위하여 다음 각 호의 권한을 가진다.
  1. 제28조에 따른 현장방사능방재지휘센터의 장에 대한 지휘
  2. 제32조에 따른 방사능방호기술지원본부 및 방사선비상의료지원본부의 장에 대한 지휘
  3. 「재난 및 안전관리기본법」 제15조에 따른 중앙본부장의 권한
  4. 그 밖에 방사능재난의 수습을 위하여 대통령령으로 정하는 권한

제27조(지역방사능방재대책본부의 설치)

① 방사선비상계획구역의 전부 또는 일부를 관할하는 시·도지사 및 시장·군수·구청장은 제21조 제1항 제1호에 따른 방사선비상의 보고를 받거나 제24조 제1항에 따른 방사능재난의 발생을 통보받은 경우에는 시·도 방사능방재대책본부 및 시·군·구 방사능방재대책본부(이하 "지역본부"라 한다)를 각각 설치하여야 한다.

② 제1항에 따른 지역본부의 본부장(이하 "지역본부장"이라 한다)은 각각 시·도지사 또는 시장·군수·구청장이 된다.

③ 지역본부의 구성·운영 등에 필요한 사항은 대통령령으로 정한다.

제28조(현장방사능방재지휘센터의 설치)

① 원자력안전위원회는 방사능재난등의 신속한 지휘 및 상황 관리, 재난정보의 수집과 통보를 위하여 발전용 원자로나 그 밖에 대통령령으로 정하는 원자력시설이 있는 인접 지역에 현장방사능방재지휘센터(이하 "현장지휘센터"라 한다)를 설치하여야 한다.

② 현장지휘센터의 장은 원자력안전위원회 소속 공무원 중에서 원자력안전위원회가 지명하며, 현장지휘센터에는 대통령령으로 정하는 중앙행정기관, 지방자치단체 및 지정기관의 공무원 또는 임직원(이하 "관계관"이라 한다)을 파견한다.

③ 현장지휘센터에는 방사능재난등에 대한 정확하고 통일된 정보를 제공하기 위하여 연합정보센터를 설치·운영한다. 다만, 현장지휘센터가 운영되기 전까지는 시·군·구 방사능방재대책본부에 연합정보센터를 설치·운영한다.

④ 제1항에 따른 현장지휘센터와 제3항에 따른 연합정보센터의 구성·운영 등에 필요한 사항은 대통령령으로 정한다.

제29조(현장지휘센터의 장의 권한)

① 현장지휘센터의 장은 방사능재난등의 수습에 관하여 다음 각 호의 권한을 가진다.
   1. 방사능재난등에 관하여 제27조에 따른 시·군·구 방사능방재대책본부의 장에 대한 지휘
   2. 제28조 제2항에 따라 중앙행정기관, 지방자치단체 및 지정기관에서 파견된 관계관에 대한 임무 부여
   3. 대피, 소개(疏開), 음식물 섭취 제한, 갑상선 방호 약품 배포 등 긴급 주민 보호 조치의 결정
   4. 방사능재난등이 발생한 지역의 식료품과 음료품, 농·축·수산물의 반출 또는 소비 통제 등의 결정
   5. 「재난 및 안전관리기본법」 제40조부터 제42조까지의 규정에 따른 권한사항에 대한 결정
   6. 「재난 및 안전관리기본법」 제51조 제4항에 따른 회전익항공기의 운항 결정
   7. 「재난 및 안전관리기본법」 제52조에 따른 방사능재난 현장에서의 긴급구조통제단의 긴급구조활동에 필요한 방사선방호조치

② 제28조 제2항에 따라 현장지휘센터에 파견되어 방재활동을 하는 관계관은 제1항에 따른 현장지휘센터의 장의 지휘에 따른다. 다만, 방사능재난 현장에서 긴급구조활동을 하는 사람은 「재난 및 안전관리기본법」 제52조에 따라 현장지휘를 하는 각급 통제단장의 지휘에 따라야 한다.

③ 제1항 제3호·제4호 및 제7호의 조치에 대한 기술기준과 현장지휘에 관한 세부사항은 총리령으로 정한다.

제30조(합동방재대책협의회)

① 현장지휘센터의 장이 제29조 제1항 제3호·제4호 및 제5호에 대한 사항을 결정하려면 관계 중앙행정기관, 지방자치단체 및 지정기관의 관계관으로 구성된 합동방재대책협의회(이하 "합동협의회"라 한다)의 의견을 들어 결정하여야 한다. 이 경우 지역본부장은 결정사항을 시행하여야 한다.

② 합동협의회의 구성·운영 등에 필요한 사항은 대통령령으로 정한다.

제31조(문책 등)

① 현장지휘센터의 장은 제29조 제2항 본문에 따른 지휘에 따르지 아니하거나 부과된 임무를 게을리한 관계관의 명단을 그 소속 기관의 장에게 통보할 수 있다.

② 제1항에 따라 통보받은 소속 기관의 장은 관계관의 문책 등 적절한 조치를 하여야 한다.

제32조(방사능 방재 기술 지원 등)

① 방사능재난이 발생하였을 때에 방사능재난의 수습에 필요한 기술적 사항을 지원하기 위하여 「한국원자력안전기술원법」에 따른 한국원자력안전기술원의 장 소속으로 방사능방호기술지원본부(이하 "기술지원본부"라 한다)를 둔다.

② 방사능재난으로 인하여 발생한 방사선 상해자 또는 상해 우려자에 대한 의료상의 조치를 위하여 「방사선 및 방사성동위원소 이용진흥법」 제13조의2에 따른 한국원자력의학원의 장 소속으로 방사선비상의료지원본부(이하 "의료지원본부"라 한다)를 둔다.

③ 제1항에 따른 한국원자력안전기술원의 장은 방사능재난등이 발생할 경우에 대비하여 방사능영향평가 등에 필요한 정보시스템을 구축·운영하여야 한다.

④ 기술지원본부와 의료지원본부의 구성·운영 및 제3항에 따른 정보시스템의 구축·운영 등에 필요한 사항은 총리령으로 정한다.

제33조(방사능재난상황의 해제)

① 중앙본부장은 방사능재난이 수습되면 기술지원본부의 장의 의견을 들어 방사능재난상황을 해제할 수 있다.

② 제1항에 따라 방사능재난상황을 해제하였으면 중앙본부장 및 지역본부장은 중앙본부 및 지역본부를 해체한다.

제34조(민방위기본계획 등과의 관계)

① 이 법에 따른 국가방사능방재계획, 시·도 방사능방재계획 또는 시·군·구 방사능방재계획은 각각 「민방위기본법」 제11조에 따른 기본 계획, 같은 법 제13조에 따른 시·도계획 또는 같은 법 제14조에 따른 시·군·구 계획 중 방사능재난 분야의 계획으로 본다.

② 이 법에 따른 국가방사능방재계획, 시·도 방사능방재계획 또는 시·군·구 방사능방재계획은 각각 「재난 및 안전관리기본법」 제22조에 따른 국가안전관리기본계획, 같은 법 제24조에 따른 시·도안전관리계획 또는 같은 법 제25조에 따른 시·군·구안전관리계획 중 방사능재난 분야의 계획으로 본다.

③ 이 법에 따른 중앙본부는 「재난 및 안전관리기본법」 제14조에 따른 중앙재난안전대책본부, 지역본부는 같은 법 제16조에 따른 지역재난안전대책본부로 본다.

제2절 방사능재난 대비태세의 유지

제35조(방사능재난 대응시설 등)

① 원자력사업자는 다음 각 호에 해당하는 시설 및 장비를 확보하여야 한다. 다만, 대통령령으로 정하는 소규모 원자력사업자에게는 제4호와 제5호를 적용하지 아니한다.
  1. 방사선 또는 방사능 감시 시설
  2. 방사선 방호장비
  3. 방사능오염 제거 시설 및 장비
  4. 방사성물질의 방출량 감시 및 평가 시설
  5. 주제어실, 비상기술지원실, 비상운영지원실, 비상대책실 등 비상대응 시설
  6. 관련 기관과의 비상통신 및 경보 시설
  7. 그 밖에 방사능재난의 대처에 필요하다고 인정하여 원자력안전위원회가 정하는 시설
② 제1항에 따른 시설·장비의 기준에 관하여 필요한 사항은 총리령으로 정한다.

제36조(방사능방재 교육)

① 원자력사업자의 종업원, 방사선비상계획구역의 전부 또는 일부를 관할하는 시·도지사 및 시장·군수·구청장이 지정한 방사능방재요원, 제39조 제2항에 따른 1차 및 2차 방사선비상진료기관의 장이 지정한 방사선비상진료요원 및 원자력안전위원회가 정하여 고시하는 단체 또는 기관의 직원은 대통령령으로 정하는 바에 따라 원자력안전위원회가 실시하는 방사능방재에 관한 교육을 받아야 한다.
② 원자력안전위원회는 제1항에 따른 교육을 담당할 교육기관을 지정할 수 있다.
③ 제1항에 따른 방사능방재요원 및 방사선비상진료요원의 지정에 필요한 사항은 대통령령으로 정한다.

제37조(방사능방재훈련)

① 원자력안전위원회는 5년마다 대통령령으로 정하는 바에 따라 관계 중앙행정기관이 함께 참여하는 방사능방재훈련을 실시하여야 한다.
② 방사선비상계획구역의 전부 또는 일부를 관할하는 시·도지사 및 시장·군수·구청장은 대통령령으로 정하는 바에 따라 방사능방재훈련을 실시하여야 한다.
③ 원자력사업자는 총리령으로 정하는 바에 따라 방사능방재훈련계획을 수립하여 원자력안전위원회의 승인을 받아 시행하여야 한다.

④ 방사선비상계획구역의 전부 또는 일부를 관할하는 시·도지사 및 시장·군수·구청장은 제2항에 따른 방사능방재훈련을 실시하고, 원자력사업자는 제3항에 따른 방사능방재훈련을 실시한 후 그 결과를 원자력안전위원회에 보고하여야 한다. 이 경우 원자력안전위원회는 제2항과 제3항에 따라 실시하는 방사능방재훈련에 대하여 평가할 수 있다.

⑤ 원자력안전위원회는 제1항에 따른 방사능방재훈련의 결과 및 제4항 후단에 따른 평가 결과 필요하다고 인정하면 해당 시·도지사, 시장·군수·구청장 및 지정기관의 장과 원자력사업자에게 방사능방재계획의 보완 등 필요한 조치를 요구하거나 명할 수 있다. 이 경우 요구 또는 명령을 받은 시·도지사 등은 이를 이행하고, 그 결과를 원자력안전위원회에 보고하여야 한다.

> 시행령 제35조(방사능방재훈련)
> ① 원자력안전위원회는 법 제37조 제1항에 따른 방사능방재훈련의 실시에 필요한 방사능방재훈련계획을 수립하여야 한다.
> ② 원자력안전위원회는 제1항에 따라 방사능방재훈련계획을 수립한 때에는 방사능방재훈련에 참여하여야 하는 관계중앙행정기관의 장, 방사선비상계획구역의 전부 또는 일부를 관할구역으로 하는 시·도지사, 시장·군수·구청장, 지정기관의 장 및 원자력사업자에게 이를 통보 또는 시달하여야 한다.
> ③ 법 제37조 제2항에 따라 방사능방재훈련을 실시하여야 하는 시·도지사 및 시장·군수·구청장은 다음 각 호의 기준에 따라 훈련을 실시하여야 한다. 이 경우 해당 시장·군수·구청장은 시·군·구 방사능방재훈련계획을 훈련 실시 45일 전까지 시·도지사에게 제출하고, 시·도지사는 이를 종합하여 조정한 시·도 방사능방재훈련계획을 훈련 실시 1개월 전까지 원자력안전위원회에 제출하여야 한다.
>   1. 관할구역에 소재하는 지정기관 및 원자력사업자가 참여하는 방사능방재훈련 : 2년에 1회 이상 실시
>   2. 교통 통제, 주민 상황전파, 옥내대피·소개(疏開), 방호약품 배포, 구호소 운영 등 주민보호 조치 관련사항 중 특정분야에 대한 집중훈련 : 매년 1회 이상 실시
> ④ 원자력안전위원회는 효율적인 훈련 실시를 위하여 필요한 경우 해당 시·도지사와 협의를 거쳐 훈련 일정 등 제3항에 따른 시·도 및 시·군·구 방사능방재훈련계획의 일부를 조정할 수 있다.
> ⑤ 시·도지사 및 시장·군수·구청장은 제3항 각 호에 따른 훈련 실시를 위하여 관할구역에 소재하는 지정기관 및 원자력사업자에게 훈련 참여 등 필요한 사항을 요청할 수 있다. 이 경우 요청받은 자는 특별한 사유가 없으면 이에 따라야 한다.

제38조(검사)

① 원자력안전위원회는 원자력사업자에 대하여 제21조 및 제35조부터 제37조까지에 규정된 사항을 검사할 수 있다.

② 원자력안전위원회는 제1항에 따른 검사의 결과가 다음 각 호의 어느 하나에 해당할 때에는 해당 원자력사업자에게 시정을 명할 수 있다.
1. 제21조 제1항 각 호의 사항이 같은 조 제2항에 따른 기준에 미치지 못할 때
2. 제35조 제1항 각 호에 따른 시설 및 장비가 같은 조 제2항에 따른 기준에 미치지 못할 때

3. 원자력사업자의 종업원이 제36조 제1항에 따른 방사능방재에 관한 교육을 받지 아니하였을 때

4. 제37조 제3항에 따른 방사능방재훈련을 승인된 계획에 따라 실시하지 아니하였을 때

제39조(국가방사선비상진료체제의 구축)

① 정부는 방사선피폭환자의 응급진료 등 방사선비상 진료 능력을 높이기 위하여 국가방사선비상 진료체제를 구축하여야 한다.

② 제1항의 국가방사선비상진료체제는 「방사선 및 방사성동위원소 이용진흥법」 제13조의2에 따른 한국원자력의학원에 설치하는 국가방사선비상진료센터(이하 "비상진료센터"라 한다)와 원자력안 전위원회가 전국의 권역별로 지정하는 1차 및 2차 방사선비상진료기관으로 구성된다.

③ 제2항에 따른 비상진료센터와 방사선비상진료기관의 기능·운영, 지정기준과 그에 대한 지원 등에 필요한 사항은 대통령령으로 정한다.

제40조(국제협력 등)

원자력안전위원회는 방사능재난상황이 발생하였을 때에는 「핵사고의 조기통보에 관한 협약」, 「핵 사고 또는 방사능긴급사태 시 지원에 관한 협약」 및 그 밖의 국제협약 또는 양자 간 협정에 따라 국제원자력기구 및 관련 국가에 방사능재난 발생의 내용을 알리고 필요하면 긴급원조를 요청하여 야 한다.

제3절 사후 조치 등

제41조(중장기 방사능영향평가 및 피해복구계획 등)

① 지역본부장은 제33조 제2항에 따라 지역본부를 해체할 때에는 기술지원본부의 장과 협의하여 방사능재난이 발생한 지역의 중장기 방사능영향을 평가하여 피해복구계획을 수립하여야 한다.

② 지역본부장은 제1항의 피해복구계획을 수립할 때 중앙본부장과 협의하여야 한다.

제42조(방사능재난 사후대책의 실시 등)

① 시·도지사, 시장·군수·구청장, 지정기관의 장, 원자력사업자 및 방사능재난의 수습에 책임이 있는 기관의 장은 제33조에 따라 방사능재난상황이 해제되었을 때에는 대통령령으로 정하는 바 에 따라 사후대책을 수립하고 시행하여야 한다.

② 제1항에 따른 사후대책에는 다음 각 호의 사항이 포함되어야 한다.

1. 방사능재난 발생구역이나 그 밖에 필요한 구역의 방사성물질 농도 또는 방사선량 등에 대한 조사

2. 거주자 등의 건강진단과 심리적 영향을 고려한 건강 상담과 그 밖에 필요한 의료 조치

3. 방사성물질에 따른 영향 및 피해 극복 방안의 홍보

4. 그 밖에 방사능재난의 확대방지 또는 피해 복구를 위한 조치 등 총리령으로 정하는 사항

제43조(재난 조사 등)

① 원자력안전위원회는 방사능재난이 발생한 경우에는 관련된 지방자치단체 및 원자력사업자와 합동으로 조사위원회를 구성하여 재난상황에 대한 조사를 하도록 할 수 있다.

② 제1항의 조사위원회의 구성·운영 등에 필요한 사항은 대통령령으로 정한다.

제4장 보칙

제44조(보고·검사 등)

① 원자력안전위원회는 이 법의 시행을 위하여 필요하다고 인정하면 다음 각 호의 자에게 그 업무에 관한 보고 또는 서류의 제출, 제출된 서류의 보완을 명하거나 업무 지도 및 감독을 할 수 있다.

1. 시·도지사 또는 시장·군수·구청장

2. 지정기관의 장

3. 원자력사업자

4. 제39조 제2항에 따른 비상진료센터 및 방사선비상진료기관의 장

5. 물리적방호 및 방사능재난에 관한 업무를 수행하는 기관의 장

6. 「원자력안전법」 제15조에 따른 국제규제물자 중 핵물질을 취급하거나 관련 연구를 수행하는 사람 중 대통령령으로 정하는 사람

② 원자력안전위원회는 다음 각 호의 어느 하나에 해당하는 경우에는 소속 공무원에게 그 사업소, 서류, 시설 및 그 밖에 필요한 물건을 검사하게 하거나 관계인에게 질문하게 할 수 있으며, 검사를 위한 최소량의 시료(試料)를 수거하게 할 수 있다.

1. 제1항에 따른 보고나 서류의 사실 확인을 위하여 필요한 경우

2. 물리적방호체제의 이행 및 방사능재난의 예방을 위하여 필요하다고 인정하는 경우

3. 이 법에 따른 각종 검사를 하기 위하여 필요한 경우

③ 원자력안전위원회는 제2항에 따라 검사와 질문을 한 결과 이 법, 「핵물질 및 원자력시설의 물리적 방호에 관한 협약」, 「핵사고의 조기통보에 관한 협약」, 「핵사고 또는 방사능긴급사태 시 지원에 관한 협약」 및 그 밖의 국제협약 또는 양자 간 협정을 위반하는 사항이 있을 때에는 그 시정을 명할 수 있다.

④ 제2항에 따라 검사와 질문을 하는 사람은 그 권한을 나타내는 증표를 지니고 이를 관계인에게 보여 주어야 한다.

제45조(업무의 위탁)

① 원자력안전위원회는 이 법에 따른 업무 중 다음 각 호의 업무를 대통령령으로 정하는 바에 따라 「과학기술분야 정부출연연구기관 등의 설립·운영 및 육성에 관한 법률」에 따른 한국원자력연구원, 「방사선 및 방사성동위원소 이용진흥법」 제13조의2에 따른 한국원자력의학원, 「한국원자력안전기술원법」에 따른 한국원자력안전기술원, 「원자력안전법」에 따른 한국원자력통제기술원 또는 그 밖의 관련 전문기관에 위탁할 수 있다.

   1. 제4조 제1항에 따른 원자력시설등에 대한 위협의 평가

   2. 제9조 제1항, 제20조 제1항 및 제37조 제3항에 따른 승인에 관련된 심사

   3. 제9조의2 제1항 및 제36조 제1항에 따른 교육

   4. 제9조의3 제2항 및 제37조 제4항에 따른 훈련 평가

   5. 제12조 제1항과 제38조 제1항에 따른 검사

② 원자력안전위원회는 제1항에 따른 업무를 수행하는 데 필요한 비용을 대통령령으로 정하는 바에 따라 제1항 각 호에 따른 심사·검사·교육 및 평가를 받는 자에게 징수할 수 있다.

③ 삭제 〈2015. 6. 22.〉

④ 원자력안전위원회가 제1항에 따라 위탁한 업무에 종사하는 기관 또는 관련 전문기관의 임원 및 직원은 「형법」이나 그 밖의 법률에 따른 벌칙을 적용할 때에는 공무원으로 본다.

제46조(지방자치단체 등에 대한 지원)

① 원자력안전위원회는 지방자치단체가 제36조와 제37조에 따라 시행하는 방사능재난의 예방을 위한 조치에 필요한 지원과 제39조 제2항에 따른 방사선비상진료기관의 운영에 필요한 지원을 할 수 있다.

② 원자력발전소와 폐기시설 등이 있는 지역을 관할하는 시·도지사 및 시장·군수·구청장은 「발전소주변지역 지원에 관한 법률」 제13조에 따라 지원되는 지원금의 일부를 대통령령으로 정하는 바에 따라 제36조 제1항과 제37조 제2항에 따른 교육 또는 훈련에 필요한 시설 및 장비 등의 구입·관리에 사용할 수 있다.

제5장 벌칙

제47조(벌칙)

① 정당한 권한 없이 방사성물질, 핵물질, 핵폭발장치, 방사성물질비산장치 또는 방사선방출장치를 수수·소지·소유·보관·제조·사용·운반·개조·처분 또는 분산하여 사람의 생명·신체를 위험하게 하거나 재산·환경에 위험을 발생시킨 사람은 무기 또는 1년 이상의 징역에 처한다.

② 방사성물질, 핵물질, 핵폭발장치, 방사성물질비산장치 또는 방사선방출장치에 대하여 「형법」 제329조 · 제333조 · 제347조 · 제350조 및 제355조 제1항의 죄를 범한 사람은 같은 법 해당 조에서 정한 형의 2분의 1까지 가중한다.

③ 사보타주 또는 전자적 침해행위를 한 사람은 1년 이상 10년 이하의 징역에 처한다.

④ 사람, 법인, 공공기관, 국제기구 또는 국가로 하여금 의무 없는 행위를 하게 하거나 권한행사를 방해할 목적으로 다음 각 호의 어느 하나에 해당하는 행위를 한 사람은 다음 각 호의 구분에 따라 처벌한다.

   1. 방사성물질, 핵물질, 핵폭발장치, 방사성물질비산장치 또는 방사선방출장치를 사용하는 행위를 한 사람은 2년 이상의 유기징역에 처한다.

   2. 원자력시설 또는 방사성물질 관련 시설(방사성물질을 생산 · 저장 · 처리 · 처분 · 운송하기 위한 시설 및 수단을 말한다)을 사용하거나 손상시켜서 방사성물질을 유출하는 행위를 한 사람은 무기 또는 3년 이상의 징역에 처한다.

⑤ 공중(公衆)을 위협할 목적으로 제1항 · 제3항 또는 제4항에 따른 범죄를 행할 것이라고 사람을 협박한 사람은 7년 이하의 징역 또는 1천만원 이하의 벌금에 처한다.

⑥ 제1항 및 제3항부터 제5항까지의 규정에 따른 범죄를 목적으로 한 단체 또는 집단을 구성하거나 그러한 단체 또는 집단에 가입하거나 그 구성원으로 활동한 사람은 다음 각 호의 구분에 따라 처벌한다.

   1. 수괴(首魁)는 사형, 무기 또는 10년 이상의 징역에 처한다.

   2. 간부는 무기 또는 7년 이상의 징역에 처한다.

   3. 그 밖의 사람은 2년 이상의 유기징역에 처한다.

⑦ 제1항 및 제3항부터 제5항까지의 규정에 따른 범죄에 제공할 목적으로 방사성물질, 핵물질, 핵폭발장치, 방사성물질비산장치 또는 방사선방출장치를 소지 또는 제조한 사람은 10년 이하의 징역에 처한다.

⑧ 제1항 · 제3항 또는 제4항에 따른 죄를 범하여 사람에게 상해를 입혔을 때에는 무기 또는 3년 이상의 징역에 처한다. 사망에 이르게 하였을 때에는 사형 · 무기 또는 5년 이상의 징역에 처한다.

⑨ 제1항부터 제4항까지의 규정에 따른 죄의 미수범은 처벌한다.

⑩ 제1항이나 제3항에 따른 죄를 범할 목적으로 예비하거나 음모한 사람은 5년 이하의 징역에 처한다. 다만, 자수하였을 때에는 형을 감경하거나 면제한다.

제48조(벌칙)

다음 각 호의 어느 하나에 해당하는 사람은 10년 이하의 징역에 처한다.

   1. 제13조를 위반하여 핵물질을 수출하거나 수입한 자

   2. 제15조를 위반하여 비밀을 누설하거나 목적 외의 용도로 이용한 자

제49조(벌칙)

다음 각 호의 어느 하나에 해당하는 자는 3년 이하의 징역 또는 3천만원 이하의 벌금에 처한다.

1. 제9조 제1항 본문, 제20조 제1항 본문 또는 제37조 제3항을 위반하여 승인 또는 변경승인을 받지 아니한 자
2. 제11조, 제21조 제1항 제1호, 제37조 제4항 전단·제5항 후단 또는 제44조 제1항을 위반하여 보고를 하지 아니하거나 거짓으로 보고한 자
3. 제12조 제1항을 위반하여 검사를 받지 아니하거나 제38조 제1항 또는 제44조 제2항에 따른 검사를 거부·방해·기피하거나 거짓으로 진술한 자

제50조(벌칙)

]다음 각 호의 어느 하나에 해당하는 자는 1년 이하의 징역 또는 1천만원 이하의 벌금에 처한다.

1. 제4조 제3항, 제12조 제2항, 제37조 제5항 전단, 제38조 제2항 또는 제44조 제1항·제3항에 따른 명령을 위반한 원자력사업자
2. 제21조 제1항 제4호를 위반하여 응급조치를 수행하지 아니하거나 방사선방호조치를 하지 아니한 원자력사업자

제51조(양벌규정)

법인의 대표자나 법인 또는 개인의 대리인, 사용인, 그 밖의 종업원이 그 법인 또는 개인의 업무에 관하여 제49조 또는 제50조의 위반행위를 하면 그 행위자를 벌하는 외에 그 법인 또는 개인에게도 해당 조문의 벌금형을 과(科)한다. 다만, 법인 또는 개인이 그 위반행위를 방지하기 위하여 해당 업무에 관하여 상당한 주의와 감독을 게을리하지 아니한 경우에는 그러하지 아니하다.

제52조(과태료)

① 다음 각 호의 어느 하나에 해당하는 자에게는 1천만원 이하의 과태료를 부과한다.

1. 제9조 제1항 단서 또는 제20조 제1항 단서를 위반하여 신고를 하지 아니하거나 거짓으로 신고한 자
2. 제14조를 위반하여 기록하지 아니하거나 거짓으로 기록한 자
3. 제20조 제2항 전단을 위반하여 해당 시·도지사, 시장·군수·구청장 및 지정기관의 장에게 알리지 아니하고 방사선비상계획을 수립하거나 변경한 자
4. 제21조 제1항 제6호 또는 제35조 제1항을 위반하여 방사능방재전담조직·인력 또는 방사능재난 대응시설 및 장비를 확보하지 아니한 원자력사업자

② 제1항에 따른 과태료는 대통령령으로 정하는 바에 따라 원자력안전위원회, 시·도지사 또는 시장·군수·구청장이 부과·징수한다.

서원각 교재로 인터넷강의 들을 사람

다 모여라 ~ !!

공무원시험 / 취업대비 / 자격증준비 / 부사관·장교준비
서원각 인터넷강의와 대비하자!

서원각 홈페이지 제공 강의

공무원	9급 공무원	서울시 기능직 일반직 전환	각 시·도 기능직 일반직 전환	교육청 기능직 일반직 전환
	관리운영직 일반직 전환	사회복지직 공무원	우정사업본부 계리직	서울시 기술계고 경력경쟁
기술직 공무원	물리	화학	생물	
	기술계 고졸자 물리/화학/생물			
경찰·소방공무원	소방특채 생활영어	소방학개론		
군 장교, 부사관	육군부사관	공군부사관	해군부사관	부사관 국사(근현대사)
	공군 학사사관후보생	공군 조종장학생	공군 예비장교후보생	공군 국사 및 핵심가치
NCS, 공기업, 기업체	공기업 NCS	코레일(한국철도공사)	한국전력공사	
자격증	임상심리사 2급	건강운동관리사	사회조사분석사	사회복지사 1급
	텔레마케팅관리사	청소년상담사 3급	관광통역안내사	국내여행안내사

서원각

자격시험 대비서

핵심이론 〉   출제예상문제 〉   온라인강의 제공

임상심리사 2급

건강운동관리사

사회조사분석사 종합본

교재구입 시
무료동영상강의
제공

사회조사분석사 기출문제집

국어능력인증시험

청소년상담사 3급

관광통역안내사 종합본